साँकल

[कहानी संग्रह]

साँकल

ज़किया ज़ुबैरी

राजकमल प्रकाशन
नयी दिल्ली पटना इलाहाबाद कोलकाता

ISBN : 978-81-267-2622-6

मूल्य : ₹ 300

पहला संस्करण : 2014

प्रकाशक : राजकमल प्रकाशन प्रा. लि.
1-बी, नेताजी सुभाष मार्ग, दरियागंज
नई दिल्ली-110 002

शाखाएँ : अशोक राजपथ, साइंस कॉलेज के सामने, पटना-800 006
पहली मंजिल, दरबारी बिल्डिंग, महात्मा गांधी मार्ग, इलाहाबाद-211 001
36 ए, शेक्सपियर सरणी, कोलकाता-700 017

वेबसाइट : www.rajkamalprakashan.com
ई-मेल : info@rajkamalprakashan.com

मुद्रक : बी.के. ऑफसेट
नवीन शाहदरा, दिल्ली-110 032

SAANKAL
Stories by Zakia Zubairi

अपनी अम्मी की यादों को समर्पित
जिन्होंने बचपन में कहानियाँ सुना-सुनाकर
मेरे भीतर के कहानीकार को सक्रिय कर दिया।

ज़किया जुबैरी लगभग पैंतीस साल से लंदन में रह रही हैं। वहाँ की राजनीति में भी सक्रिय कार्यकर्ता हैं और लेबर पार्टी की काउंसलर भी हैं। उनकी कहानियाँ ऐसे नारी-मन के विभिन्न पहलुओं पर केंद्रित हैं जो अभी भी भारत को अपने भीतर बसाए हुए हैं। वे द्वंद्व और नॉस्टेल्जिया की कहानियाँ हैं। यहाँ से गए हुए परिवारों के बच्चे इंग्लैंड के वातावरण में पले-बढ़े हैं और वहीं के संस्कारों को आत्मसात् किए हैं।

मगर ज़किया की कहानी की मुख्य नायिका बच्चों के व्यक्तित्व के इस रूपांतरण से संतुष्ट नहीं है। वह चाहती है कि बच्चे भारत को उसी तरह प्यार करें जैसे वह करती है। मगर बच्चों को यहाँ की सारी सभ्यता-संस्कृति, बोली-बानी पिछड़े हुए समाजों का प्रतीक लगती है। हालाँकि वे इतने व्यावहारिक हो चुके हैं कि मौका पड़ने पर काम निकालने के लिए भारतीयता की दुहाई देना भी नहीं भूलते।

इस दृष्टि से उनकी कहानी 'साँकल' जटिल स्थितियों को सामने रखती है। यहाँ अंत में नायिका अपने कमरे को भीतर से साँकल लगाकर अपने-आपको पश्चिमी संस्कृति के आक्रामक हमले से सुरक्षित करना चाहती है।

ज़किया जी की भाषा उन मानसिक द्वंद्वों को रेखांकित ही नहीं करती, उन्हें नॉस्टेल्जिया का कहानीकार भी बना देती है। ये कहानियाँ यहाँ से गए भारतीयों के खंडित व्यक्तित्व का अध्ययन हैं। उनकी कहानियाँ स्त्री-मन के कोमल और आत्मीय उतार-चढ़ाव को रेखांकित करती हैं।

28 मई 2013, नई दिल्ली

–राजेन्द्र यादव

दरिया-ए-टेम्स के किनारे एक क़िस्सागो...

ज़किया ज़ुबैरी की कहानियों की ज़मीन अजनबी नहीं है, वह हमारी और आपकी परखी हुई है। इसलिए जब हम उनकी कहानियाँ पढ़ते हैं तो वे सारे चरित्र हमको अपने से लगते हैं जैसे 'अपने हिस्से की धूप' की 'शम्मो' जो हमारे समाज में कल और आज समय के लंबे अंतराल के बाद, आज भी मौजूद है और कल भी मौजूद रहेगी, चाहे समाज की आधी औरतें मर्दों से शाना-ब-शाना मिलाकर या फिर उनसे आगे क्यों न चल रही हों। यह कहानी दिल को छूने वाली कहानी है। इसी तरह की दूसरी कहानी 'लौट आओ तुम' है–जो रिश्तों के आधुनिक समीकरणों पर बुनी कहानी है और बिलकुल नई कहानी है। इसमें किसी तरह का वाद ढूँढ़ना बेकार है। यह ढलती उम्र के बीच जवान उम्र द्वारा उस संतुलन की कहानी है जो तन्हा जोड़े को आपसी बेरुख़ी और संवेदना के शुष्क होने की ढलान पर चाही-अनचाही ऊर्जा की तरंग पैदा करती है जो किसी को मंज़ूर है और किसी को कुबूल नहीं है।

ज़किया ज़ुबैरी को कहानी कहने का सलीक़ा आता है और ज़िंदगी की गुत्थियों को सुलझाने की तरफ़ उनका गहरा रुझान भी है। तभी 'बाबुल मोरा...' और 'मारिया' जैसी कहानियाँ उन्होंने ज़िंदगी के दामन से उठाईं–जिनमें व्यथा से ज़्यादा घृणा, चाहत से कहीं ज़्यादा घिन, मजबूरी से ज़्यादा भटकाव नज़र आता है जो वास्तव में हमारी तरह के इनसानों का यथार्थ है। कहानियों का खुलासा देकर पाठकों को कहानी पढ़ने का स्वाद कम नहीं करना चाहती हूँ। मगर लिसा, मार्था और मारिया इत्तफ़ाक से ये तीनों चरित्र नारियों के हैं जो अपने जटिल अनुभवों द्वारा एक ख़ास समाज को हमारे सामने लाते हैं और विकास, वैभव, उपलब्धियों और कभी सूरज ना डूबने वाले साम्राज्य का वह चेहरा पेश करते

हैं जिसे स्वीकार करना कठिन लगता है। ज़किया ज़ुबैरी की क़लम ने बाख़ूबी उस सच को कहानी में गूँथा है।

इसी शृंखला में ज़किया ज़ुबैरी की कहानी 'साँकल' है जो विश्व स्तर की पीड़ा में से एक अहम पीड़ा है। अपनी ही पैदा की हुई पीढ़ी का अपनी तरह न होना। यह हर घर और हर देश की कहानी है जिसका बयान ज़किया जी ने कुछ इस तरह किया है कि वह आपकी कहानी न होकर भी आपके जीवन में आए किसी और दुःख और भय की याद दिला जाती है। यह आज के दौर का अहम विषय है–पूरे वजूद को हिला देने वाली उत्कृष्ठ कहानी है।

ज़किया ज़ुबैरी हिन्दुस्तान में पैदा हुईं। पाकिस्तान में बसे भारतीय से विवाह हुआ और लन्दन जैसे शहर में आकर बसीं। उनकी कहानियों को पढ़ कर महसूस हुआ कि उनके पास अहसासात की तीन परतें हैं और यही परतें उनकी कहानियों को ज़मीन देती हैं। पहली परत बचपन और जवानी जो भारत में गुज़री; दूसरी शादी के बाद पाकिस्तान और तीसरी जवानी से अधेड़ उम्र तक विदेशी यात्राएँ और विदेशी धरती पर साँस लेना। अनुभव, अनुभूतियाँ, दूर और नज़दीक की उन्हें लुभाती हैं और उनसे कहानी लिखवा लेती हैं। ये तीनों परतें उनके लेखन की नब्ज़ हैं जिसमें उनका दिल व दिमाग़ धड़कता है और अपनी वेदना को कहानी का रूप दे बैठता है। चौथा उनका संवेदनशील मन और सूक्ष्म दृष्टि है जो तीनों परतों को गहरे देखती-परखती है।

उनकी अन्य कहानियाँ 'बस एक क़दम...,' 'कच्चा गोश्त,' 'सीप में बंद घुटन,' 'ढीठ मुस्कुराहटें'–ये चारों कहानियाँ भारतीय परिवेश की कहानियाँ हैं। पूछा जा सकता है कि क्या ये कहानियाँ यादें भर हैं। तो जवाब मिलेगा नहीं, ये आज के परिवेश की कहानियाँ हैं। ज़किया ज़ुबैरी चन्द वर्षों बाद एक बार हिन्दुस्तान का चक्कर ज़रूर लगाती हैं। छोटे-बड़े शहरों में जाती हैं और ख़ुद को हिन्दुस्तानी कहलाना पसंद करती हैं। यह भी बँटवारे के बाद की एक बहुत बड़ी विडम्बना है कि आज तक लोग अपना गाँव अपना शहर नहीं भूल पाए हैं।

ज़किया ज़ुबैरी की कहानियों की भाषा सरल और लुभावनी है। जिसमें उनकी मौलिक अभिव्यक्ति और वर्णन ध्यान खींचते हैं–"उसके सुनहरे रंग के बाल जो उस समय उलझे हुए सिर के

चारों तरफ़ बिखरे पड़े थे। ऐसा लग रहा था जैसे गुलाबी पानी में आग लगी हो।'' (बाबुल मोरा)।

''कपड़े जैसे शरीर से चिपके जा रहे थे। शम्मो उन कपड़ों को सँभाल कर शरीर से अलग करती कहीं पसीने की तेज़ी से गल न जाएँ। (मेरे हिस्से की धूप)।

ज़किया जुबैरी के यहाँ नए-पुराने शब्दों और मुहावरों का प्रयोग एक अलग तरह की कैफ़ियत पैदा करता है जिसमें अतीत कभी वर्तमान में खड़ा मुस्कुराता है तो कभी अतीत की यादों में वर्तमान का हस्तक्षेप नज़र आता है। ज़किया जी के यहाँ अंग्रेज़ी अदब की छाया नहीं लहराती, न ही उनके चरित्रों को अंग्रेज़ी भाषा की ज़रूरत महसूस होती है। जबकि उनकी पहली ज़बान लन्दन में रह कर अंग्रेज़ी ही मानी जाएगी मगर उनकी आत्मा में बसी गन्ध अपनी मिट्टी की सोंधी महक से अपनी भाषा को सराबोर किए रहती है।

ज़किया के वाक्य छोटे और अर्थपूर्ण होते हैं। उनमें किसी किस्म का उलझाव या भटकाव नज़र नहीं आता है। अपनी बात साफ़गोई से कहती हैं। इसलिए उनके किरदार दिल व दिमाग़ से सचेत रहते हैं कि उन्हें कहाँ जाना है, क्या करना है और क्या बोलना है। ज़किया की कहानियों में उर्दू और हिन्दी कहानी का अक्स साफ़ दिखाई देता है मगर कहानी कहने का उनका अपना अंदाज़ है। उनके यहाँ अच्छे बुरे सभी तरह के किरदार मौजूद हैं जो उनकी कहानी की रूपरेखा तैयार कर उसको जानदार बनाते हैं।

उनके यहाँ कहानी की ज़मीन ऊबड़-खाबड़ नहीं है। जहाँ का जैसा माहौल वैसी ज़बान। इसलिए कहानी के किरदार बनावटी नहीं लगते हैं। उनकी ज़बान भी लड़खड़ाती हुई नहीं बल्कि गंगा-जमुना के दोआबा से सींची हुई है, भले ही उन्होंने उर्दू हिन्दी की तरह पढ़ी और लिखी न हो, मगर घर के उस माहौल का कोई क्या करेगा जो आपकी परवरिश करता है और आपको आपकी बोली बोलना सिखाता है।

विदेशों में बसे लेखकों के प्रति मेरे दिल में विशेष प्रेम और आदर का भाव उभरता है क्योंकि बाहर की धरती पर रह कर सृजन करना कठिन काम है। दूरियाँ या तो विलाप बन लहराती हैं या विरह में , यह ख़तरा ज़किया जुबैरी की कहानियों में टल गया है।

आसमान रोशन है जिस में इनसानी चेहरा हमको साफ़ नज़र आता है जो अपने को दोहराता नहीं है बल्कि अपने दर्द से आशना करता है।

एक और अहम बात है जो विदेश में बसे लेखकों के लिए कहना चाहूँगी कि न वे अपने को खाने में बाँटें न किसी विशेष पहचान द्वारा ख़ुद को बाँटने दें। साहित्य की मुख्यधारा से जुड़ना, उसके साथ बहना ही आपकी कलम की धार को तेज़ और तीखा बनाएगा। जो दूर से बैठ कर हम निरन्तर महसूस कर रहे हैं...मेरी शुभकामनाएँ।

मुझे पूरा यक़ीन है ज़किया ज़ुबैरी का दूसरा कहानी संग्रह भी हमें नई अनुभूतियों, गन्ध और चरित्रों से इसी तरह मिलवाएगा जो लुत्फ़ इन कहानियों को पढ़ कर मिला।

—नासिरा शर्मा

अनुक्रम

बाबुल मोरा...	15
मेरे हिस्से की धूप	27
ढीठ मुस्कुराहटें...	38
मारिया	48
बस एक कदम...	53
लौट आओ तुम...	64
कच्चा गोश्त	76
सीप में बंद घुटन...	84
बेचारी ईडियट...	92
साँकल	99
हरी दूब की कच्ची सुगंध...	111

बाबुल मोरा...

"माँ मैंने कह दिया, मैं यह घर नहीं छोड़ूँगी।"

"क्यों नहीं छोड़ेगी और कैसे नहीं छोड़ेगी?"

"क्योंकि यह मेरा भी घर है।"

"यह किसने कह दिया तुझ से?"

"यह मेरे डैड का घर है!"

"मैं तुझे यहाँ नहीं रहने दूँगी क्योंकि तू फ़िल के साथ रहने को नहीं तैयार है।"

"मैं क्यों रहूँ उसके साथ? अब तो तुम्हें भी उस तीन साल जेल काटे हुए अपराधी को घर में नहीं आने देना चाहिए।"

"लिसा यह मुझसे नहीं होगा।"

"क्यों नहीं होगा? क्या मैं तुम्हारी बेटी नहीं हूँ?"

"तू 18 वर्ष की हो गई है, क्यों नहीं जाकर उस काउंसिलर के पीछे पड़ जाती कि तुझको एक कमरे का फ़्लैट दिलवा दे?"

"जब मेरे पास अपना घर है तो मैं क्यों जाऊँ?"

"तो फिर तुझे फ़िल के साथ ही रहना होगा इस घर में!"

लिसा सोचने लगी...कितनी कठोर और बेहिस हो गई है उसकी माँ...! फ़िल के कारण अपनी 18 वर्ष की बेटी को घर से निकल जाने को कह रही है। वह घबराने लगी...अगर यह शैतान घर में वापस आ गया तो कुछ पता नहीं उसके साथ कैसा व्यवहार करे...शायद उसी तरह फिर से दरवाज़े से निकलकर भागेगा बेशरम वहशी...।

उस दिन...!

वह कमरे के दरवाज़े से बाहर भागने ही वाला था कि लिसा बिजली की तेज़ी से पलटी, कोहनियों को नरम बिस्तर के ऊपर ज़ोर से दबा कर शरीर को सहारा दिया और शिकारी कुत्ते की तरह दोनों हाथ उसकी बग़ल के नीचे से डालकर उसको दबोचा और गर्दन के पीछे कंधे के नीचे पूरी ताक़त से दाँत ऐसे

गड़ा दिए जिन्हें निकालते ही खून बहने लगा।

'ओह गॉड'...'ओह गॉड' की मकरूह सी आवाज़ कमरे में चारों ओर चक्कर लगाने लगी। और वह चकराता हुआ कमरे से बाहर उन तंग सीढ़ियों से आड़ा-तिरछा होता हुआ नीचे भागा। हाथ से गर्दन का पिछला हिस्सा छुपाए हुए था की कोई बाहर का देख न ले कि वहाँ गरदन के नीचे किस शेरनी ने उस गंदे काले खून की होली खेली है...! वह तो क्लिनिक भी नहीं जा सकता था कि वहाँ क्या बताएगा? कि क्या गुनाह कर के आया है...! नैन्सी को तो वह मना लेगा पर नैन्सी के काम से वापस आने में काफ़ी समय था।

लिसा समय को हाथ से नहीं जाने देना चाहती थी। माँ की प्रतीक्षा भी नहीं करना चाहती थी। पर ग़ुस्सा और संकोच दोनों एक दूसरे में गड-मड हो रहे थे। पुलिस स्टेशन तो पड़ोस में ही था। उसके एरिया की करप्शन को देखते हुए सरकार ने एक छोटी पुलिस चौकी वहीं बना दी थी। कबूतर के काबुक की तरह बने हुए फ़्लैटों में से एक ग्राउंड फ़्लोर के फ़्लैट में पुलिस स्टेशन था। पुलिस स्वयं भी सामने का दरवाज़ा बंद करके बैठती। पिछले दरवाज़े से आने-जाने का काम लिया जाता। जब कभी वे बाहर निकलते तो हथियारों से लैस निकलते और दो-तीन एक साथ होते।

लिसा पुलिस चौकी के पिछले दरवाज़े पर तेज़ी से भागती हुई पहुँची। नीले डेन्हिम के शॉर्ट्स उसकी लंबी-लंबी गुलाबी टाँगों के ऊपर टेढ़े होकर फँसे हुए थे। छोटी सी कुर्ती, जिससे उसकी पतली सी कमर झाँक रही थी, वह कुर्ती भी उसकी ग़ुस्से से भरी चाल के साथ क्रोध से डोल रही थी। उसके सुनहरे रंग के बाल जो उस समय उलझे हुए सिर के चारों ओर बिखरे पड़े थे। ऐसा लग रहा था जैसे गुलाबी पानी में आग लगी हो।

आग तो उसके भीतर सुलग रही थी। मगर वह डर भी रही थी कि अभी जिसको दाँतों से उधेड़ चुकी थी फिर कहीं से निकलकर आ न जाए। वह चौकी के पिछले दरवाज़े पर खड़ी घंटी के बटन से हाथ नहीं हटा रही थी। ऐसा लगता था जैसे उसका हाथ घंटी से चिपक गया हो। कभी एक पैर दूसरे पर रखती तो कभी दूसरा पहले पर। इससे बेचैनी का आभास हो रहा था या शायद ऊँची नीची ज़मीन पैरों में चुभ रही थी...

न जाने दोनों छोटी बहनें कहाँ होंगी, कहीं वह उन दोनों को भी...! नहीं...नहीं। नहीं मैं ऐसा नहीं होने दूँगी...! मैं नैन्सी को सब बता दूँगी...घर से निकलवा दूँगी उसको...! यह पुलिस न जाने कहाँ मर गई है? दरवाज़ा क्यों नहीं खुलता?

"हेलो लिसा!"

उसने पलट कर देखा तो पीछे सार्जेंट लैंग्ली खड़ा हुआ था।

"कैसे आना हुआ?"

कुछ क्षणों के लिए लिसा का जी चाहा कि अपने बाप की तरह अपने दोनों हाथ सार्जेंट के गिर्द लपेट कर सीने पर सिर रख कर अपने अंदर के बंद ग़ुस्से को आँसुओं के साथ उसके सीने में जज़्ब कर दे। अपने दुःख हमेशा की तरह अपने बाप की झोली में डाल कर आप हल्की हो जाए...यही तो हुआ करता था बचपन में जब वह अपसेट होती तो अपने डैड से लिपट जाती और आँसुओं का कटोरा उसके सीने में उड़ेल देती। बाप की कमीज़ जब भीगने लगती तो "अरे लिसा तू रो रही है?" कहते हुए उसे गोद में उठाकर ज़ोर से लिपटाकर सिर पर प्यार करता और उस वक़्त तक लिपटाए रखता जब तक लिसा आप ही अपना सिर बाप के कंधों से उठाकर उसके मुँह को अपने दोनों हाथों से पकड़ कर अपनी ओर न घुमा लेती। दोनों की आँखें मिलतीं, आँखों ही आँखों में दोनों एक दूसरे के प्रति प्यार का यकीन दिला लेते और फिर बाप लिसा को ज़ोर से गदीले सोफे पर पटक देता। फिर खूब हँसता और लिसा को छेड़ता कि कितनी वज़नी हो गई है, मेरे हाथ टूटे जा रहे थे।

"लिसा खाना खाया तुम तीनों ने?"

"नहीं डैड अभी मम्मी घर नहीं आई!"

"काम से छुट्टी को तो काफ़ी देर हो गई है!"

"आती ही होंगी डैड।"

"मगर।"

"आओ लिसा अंदर चलें।" सार्जेंट लैंग्ली ने चिंता में डूबी लिसा के कंधे पर हाथ रखते हुए कहा।

बाहर लगी नंबरों की तख़्ती पर उसने कोड नंबर मिलाया और दरवाज़े का हैंडल घुमाकर दरवाज़ा खोलते हुए पहले लिसा को अंदर चलने को कहा।

भयभीत लिसा...अंदर जाते हुए झिझकी। मगर सार्जेंट लैंग्ली ने हलके से कंधे पर हाथ रख कर उसे अंदर कर लिया और जल्दी से बिजली का बटन दबाया तो तीन चार बल्ब एक साथ जल उठे। छोटा सा एक कमरा बाहर ही को बना हुआ था; एक ऊँची सी लिखने-पढ़ने वाली मेज़ रखी हुई थी; तीन चार कुर्सियाँ पड़ी हुई थीं। सार्जेंट ने लिसा को बैठ जाने का इशारा किया और ख़ुद दूसरा दरवाज़ा खोलकर दूसरे कमरे के अंदर चला गया। वहाँ से टेलीफ़ोन पर बातों की आवाजें आने लगीं। अपने साथियों से ऑपरेशन का रिज़ल्ट मालूम कर रहा था। लिसा समझ गई थी कि आज शायद उसके क्षेत्र में छापा पड़ा है। ऐसा अक्सर होता था। कोई अपराधी कहीं भी अपराध करता पर छुपता आकर इसी

इलाक़े में था।

"यस लिसा हाउ कैन आई हेल्प यू?"

सार्जेंट ने हाथ में एक राइटिंग पैड और पेन्सिल पकड़ी हुई थी जिसके पीछे रबर लगा हुआ था।

लिसा चौंक गई...घबरा सी गई...मैं यहाँ क्यों आ गई...अब मैं क्या बताऊँ...कैसे बताऊँ! माँ के बारे में भी बताना होगा...यह...यह...है कौन...कैसे आया हमारे घर में...?

कितना अच्छा है उसका अपना बाप...कितना शरीफ़...न जाने क्यों माँ ने उससे तलाक़ ले लिया...!

देखने में भी तो कितना सुंदर है मेरा बाप...! यह बास्टर्ड तो देखने में ही गिद्ध लगता है...माँ शायद बस फँस गई होगी!

मेरे पिता के पास तो नौकरी भी थी यह तो हरामखोर है। न जाने क्यों मेरी माँ ने हँसता-खेलता परिवार श्मशान घाट बना दिया?

"हेलो लिसा...कैसे आना हुआ?"

लिसा ने अपना मुँह अपनी पतली-पतली लंबी-लंबी उँगलियों वाले हाथों से छिपा लिया और आँखें मूँदकर सिर मेज़ पर टिका दिया। एक लंबी साँस के साथ डरी हुई शर्मिंदा सी काँपती हुई आवाज़ में बोलने की कोशिश की, मगर आवाज़ गले में फँस कर अटक गई।

"कम ऑन लिसा बोलो जो सच है..."

लिसा स्वयं आँखें बंद किए शुतुरमुर्ग की तरह समझ रही थी कि वह छिप गई है और उसे कोई देख नहीं सकता...

फिर उसने झिझकते हुए कहना शुरू किया। दुर्घटना का विवरण कुछ इस गति से दे रही थी बीच में ना तो कोई अल्पविराम और ना ही विराम। एक साँस में बस तोते की तरह जो कुछ ग़ुबार भीतर भरा था सब उगल दिया।

"वह...अधिकतर मेरी छोटी बहनों के साथ कंप्यूटर पर गेम खेलता रहता है या फिर टी.वी. के सामने बैठा क्रिस्प खाता है और गहरे भूरे रंग के कालीन पर बिखेरता रहता है। टी.वी. से अधिक उसके मुँह से निकली कुरुर-कुरुर की ध्वनि कानों को बेचैन कर देती है जितना खाता है उतना ही फ़्लोर पर गिराता और फिर बग़ैर साफ़ किए वह नैन्सी के पास कमरे में घुस जाता है और थोड़े ही समय पश्चात् निकलकर किचन में पहुँच जाता है और दूसरे दिन का तमाम खाना खा जाता है। कभी-कभी तो सुबह के नाश्ते के लिए टोस्ट भी नहीं बचते हैं। नैन्सी जब सुबह नाश्ता बनाने जाती है तो यह देख कर बहुत प्यार से हँसती है और बाहर निकल जाती है ब्रेड लाने। ना जाने क्यों उसे ग़ुस्सा नहीं आता?

हम बहनों में से अगर कोई ऐसा करे तो गला फाड़ फाड़ कर चिल्लाती और हम में से एक को दौड़ाती है ब्रेड लाने को। वह पड़ा सोता रहता है और नैन्सी कमरे का दरवाज़ा बाहर से बंद कर देती है कि कहीं शोर से उठ ना जाए।''

सार्जेंट लिसा को हमदर्दी भरी नज़रों से पढ़ता जा रहा था कि कितनी गहरी चोट लगी है इस छोटी सी उम्र में। क्या यह इस दुःख से कभी उबर भी पाएगी? वह चुपचाप सुनना चाहता था लिसा के दुःख।

सार्जेंट की टीम वापस आ गई थी। लिसा को वहाँ बैठा देख कर सब अंदर वाले कमरे में चले गए।

''लिसा, पानी पियोगी?''

''हाँ...!'' लिसा ने जल्दी से कहा। उसका गला सूखा जा रहा था मगर समझ में नहीं आ रहा था कि कहाँ रुके और पानी कब माँगे। वह तो जल्दी से जल्दी मालूम करना चाह रही थी कि सार्जेंट बताए कि अब आगे वह क्या कार्यवाही करेगा? उसको क्या सज़ा देगा? क्या उसके डैडी फिर से वापस आ जाएँगे? हर क़दम पर डैडी को याद कर रही थी लिसा।

सार्जेंट ने इस बीच अपनी टीम से भी सवाल कर लिया, ''क्या रेड (छापे) से कुछ नतीजा भी निकला?''

''हाँ एक लड़का पकड़ा गया है और दो भाग गए।''

ग्राहम पार्क का रोज़ का यही तमाशा था। न मालूम कहाँ से सारे जहाँ के गुंडे बदमाश यहीं आकर बस गए थे और बेचारे सीधे-साधे लोग इनके चक्कर में पिस रहे थे।

सार्जेंट ने जैसे ही पानी का गिलास लिसा के हाथ में दिया वह एक ही साँस में गटा-गट हलक से उतार गई। उसकी मासूम, गुलाबी शीशे की तरह चमकती गर्दन से पानी नीचे को जाता हुआ महसूस हो रहा था। उसके सूखे होंठों में कुछ तरावट आई। दाँतों से होंठ काटने लगी। फिर बेचैन होकर सिर मेज़ पर रख कर आँखें बंद कर लीं।

''लिसा फिर क्या हुआ?''

लिसा ने सार्जेंट को सिर उठा कर देखा और आँसू बहने लगे। सार्जेंट ख़ामोशी से बैठा रहा। लिसा के अंदर का दुःख बह जाने देना चाह रहा था। पानी सूखी हलक़ से नीचे उतरा तो दुःख आँखों से बह निकले।

वह मुझसे भी वैसे ही खेलना चाहता था जैसे मेरी बहनों के साथ खेलता। ज़िद करता कि मैं भी उसके साथ बैठ कर फिल्म देखूँ और क्रिस्प खाऊँ। मुझे 'ओ' लेवेल्स की तैयारी करनी है कहकर मैंने हमेशा पीछा छुड़ाया। मुझे उसकी हरकतें अच्छी नहीं लगती थीं। वह एक ग़ैर-जिम्मेदार, मानसिक बीमार और

ख़ुदगर्ज़ इंसान लगता था। और फिर मेरे डैड की जगह लेकर बैठ गया था। न मालूम मेरी माँ को उसमें क्या नज़र आया था। नौकरी भी नहीं करता था। मेरे डैड तो रोज़ सवेरे पैदल काम पर चले जाते। कार नैन्सी के लिए छोड़ जाते। शनीचर इतवार हम तीनों बहनों को पार्क में ले जाते या बच्चों की फिल्म दिखाने ले जाते। कभी-कभी मैक्डॉनल्ड्स में भी खिलाते। मम्मी को शॉपिंग कराने ले जाते। हर समय कोई न कोई काम ही किया करते। घर की कोई चीज़ भी टूटती तो आप ही जोड़ लिया करते पर जब उनका अपना दिल टूटा तो हम में से कोई न जोड़ सका।''

''मैंने माँ से बहुत मिन्नत की कि डैड को न छोड़े, तलाक न ले पर उस पर न जाने क्या भूत सवार था कि हमारा रोना पीटना भी उसकी सोच को न बदल सका। डैड बेचारे न जाने कहाँ रहने चले गए। इतनी मेहनत से उन्हीं ने तो यह घर बनाया था मगर हमारे आराम की ख़ातिर उन्होंने कुर्बानी दी और नैन्सी को घर दे दिया कि हम बहनों को तकलीफ न हो। मेरे डैड जब हमसे मिलने आते तो मैं सवेरे ही से उठ कर बैठ जाती उनके इंतज़ार में। मैं उनको दूर ही से पहचान लेती क्योंकि लंबे और हैंडसम हैं मेरे डैड। मगर अब झुक कर चलने लगे हैं शायद खाने पीने का ख्याल नहीं रखते।'' वह उदास हो गई।

''लिसा तुम्हारे पैरों में चप्पल क्यों नहीं है?''

सार्जेंट लिसा को उसके मुद्दे की ओर लाना चाहता था और लिसा मुद्दे से दूर भाग रही थी। उसकी समझ में नहीं आ रहा था इतनी घिनौनी हरकत सार्जेंट से कैसे कहे!

सार्जेंट बात की तह तक पहुँच चुका था; लिसा को शर्मिंदा नहीं करना चाहता था इसलिए उसे बड़े पुलिस स्टेशन में शिफ़्ट कर दिया था जो कि उस छोटी-सी चौकी के क़रीब ही था। रूथ एक अनुभवी अफ़सर है। वह लिसा को सँभाल लेगी। इसीलिए सार्जेंट ने केस पी.सी. रूथ को सौंप दिया था।

''हेलो लिसा। मैं रूथ हूँ।''

लिसा चौंकी और सीधी बैठ गई।

''लिसा, फिर क्या हुआ?'' रूथ ने अपनी मीठी और दयालु आवाज़ में लिसा से आगे बात करने को कहा।

''हम सभी बिखर गए...'' लिसा ने साँस को अंदर को खींचते हुए कहा। ''दोनों छोटी बहनें फ़िल को अपने साथ खेलने वाला खिलौना ही समझती रहीं। उसके साथ ख़ूब उछल कूद करती रहतीं। उन्हीं के बहाने तो माँ ने फ़िल का आना-जाना इस घर में शुरू करवाया था। मगर मुझे उसका इस तरह हमारे परिवार का हिस्सा बन जाना कभी भी पसंद नहीं आया था। छुट्टी के दिन

सुबह–सवेरे ही से आ धमकता तो सारा दिन मेरे परिवार के साथ ही बिता देता। मेरे बाप को तो माँ छुट्टी के दिन भी काम पर भेज देती ओवर टाइम करने के लिए क्योंकि परिवार बड़ा था, पूँजी भी अधिक चाहिए थी। वह ख़ुद छुट्टी के दिन घर पर ही रहती। सारे सप्ताह के कपड़े धोने बाहर लॉण्डरेट में जाती। फ़िल भी उसके साथ मैले कपड़ों का थैला बना चला जाता।'' लिसा को फ़िल हमेशा गंदगी का थैला ही महसूस होता था। उसे फ़िल में कोई क्लास या बौद्धिकता नहीं दिखाई देती थी। वह एक खिलंदड़ा था...ग़ैर–ज़िम्मेदार...सिर्फ़ खाने के लिए जीने वाला पशु...!

लिसा सोचती माँ इसको क्यों इस तरह घर में घुसाए रहती है? कहीं माँ मेरी अरेंज्ड मैरिज के चक्कर में तो नहीं है। यह तो हमारा कल्चर नहीं है! मैं क्यों माँ की पसंद से शादी करूँ! मैं तो अपने बॉय–फ्रेंड को अपने डैड से सबसे पहले मिलवाऊँगी। मैं शादी करूँगी। जैसे डैड ने की थी...पहले से किसी को पार्टनर नहीं बनाउँगी। मैं शादी करूँगी...ऐज़ ए वर्जिन गर्ल शादी करूँगी...वही मेरा वैडिंग गिफ़्ट होगा मेरे अपने बुने हुए सपनों को...

''यस मिस लिसा जॉन्सन लेट अस डू दी जॉब!''

लिसा उछल पड़ी। रूथ उसे गौर से देख रही थी शायद उसके दुखों को बगैर सुने ही पढ़ लेना चाहती थी।

''आज कितनी गर्मी है! तापमान 30 डिग्री पहुँच गया है। मुझे भी बहुत गर्मी लग रही है। मेरे फ़्लैट के कमरे बिलकुल मुर्गी के दड़बे जैसे हैं। हम तीन बहनें एक बॉक्स रूम जैसी काल कोठरी में रहती हैं। मैं सबसे बड़ी हूँ। मेरा बाप हम तीनों से बहुत प्यार करता था। उसको मेरी माँ ने हम सबसे अलग कर दिया। आजकल मेरा बाप बीमार है और अकेला भी है...मैं...मैं तो...''

''लिसा बताओ यहाँ कैसे आना हुआ?''

वह फिर सोच में पड़ गई...उठी और बाहर जाने लगी।

''मुझे कुछ नहीं बताना है...''

''लिसा ऐसा नहीं करो। पोलिस हमेशा मदद करती है। पोलिस से कुछ नहीं छुपाते...तुम्हारी इज्ज़त मेरा फ़र्ज़ है।'' रूथ ने प्यार से मद्धम पर गंभीर आवाज़ में कहा।

लिसा फट पड़ी...'मैं' 'ओ' लेवेल्स के एक्ज़ाम्स के लिए पढ़ रही थी नैन्सी, मेरी माँ काम पर गई हुई थी, बहनें स्कूल थीं, फ़िल न जाने कब घर में आ गया मुझे पता ही नहीं चला। चुपके से मेरे कमरे में दाख़िल होकर देखो यह सब क्या कर दिया...! देखिए ऑफ़िसर, वो वहशी मेरे बालों को अपने मुँह के ऊपर लपेट लपेट कर खींचने लगा। बालों को चूस चूस कर बुरी तरह गीला कर

दिया। ना जाने कबसे मेरे सुनहरी बालों पर नज़र गड़ाए बैठा था...और फिर मेरे शरीर को सहलाने लगा और रूथ...अंत में...भेड़िये की तरह भंभोड़ कर रख दिया...'' वह काँपने लगी और उसने अपने उलझे हुए लंबे बाल गर्दन से हटाए और लाल-लाल ख़ून जमे हुए निशान पूरी गर्दन पर दिखाए... ''जब वह निकलकर भागने लगा तो मैंने भी पीछा कर के दरवाज़े ही पर पकड़ा और दाँत गाड़ दिए उसकी पीठ में मगर अभी तक चैन नहीं आ रहा है मुझे।''

''आज जो एक लड़का पकड़ा गया है उसकी गर्दन के पीछे कंधे की नीचे भी दाँत के निशान हैं पर वह बता नहीं रहा कि किसने काटा...''

''लिसा तुम फिक्र मत करो डी. एन. ए. टेस्ट से सब कुछ साबित हो जाएगा। और हाँ वक्त आने पर तुम्हें प्रेगनेंसी टेस्ट भी करवाना होगा, उसे सज़ा तो पक्की है।''

''कितने वर्षों की?''

''सज़ा का फ़ैसला कोर्ट करेगी, हम क़ानून के बारे में कुछ नहीं बोल सकते। पर जुर्म बहुत संगीन है। उसे सज़ा लंबी होनी चाहिए, तुम अंडर-एज जो हो।''

प्रेगनेंसी टेस्ट का सुनकर वह डर सी गई। पर यह सुनकर जैसे संतुष्ट हुई...पीले चेहरे पर थोड़ा सा रंग दिखाई देने लगा। पर एकदम से खड़ी हो गई ''ऑफ़िसर मुझे अपने से घिन आ रही है...मैं पवित्र नहीं रही। मैं अछूत हो गई... मेरे पास से दुर्गंध आ रही है ना...? अब मैं नर्स कैसे बनूँगी...मरीज़ों को कैसे छू सकूँगी...अपनी बहनों को प्यार कैसे करूँगी...अपने डैडी को कैसे अपने दुख बताऊँगी...!''

धड़ से कुरसी पर बैठ गई और मेज़ पर सिर को मारने लगी।

लिसा का ग़ुस्सा बढ़ता जा रहा था; जैसे जैसे उसे अहसास हो रहा था अपना कुछ खो जाने का; लुट जाने का...अपने ही घर में आँखों के सामने डाका पड़ जाने का और अपनी मजबूरी का। उसके डैडी ने उसे कुछ संस्कार दिए थे। रोमन केथॉलिक होने के संस्कार। वह अपने जीज़स की बताई बातों पर चलना चाहती थी क्योंकि उसके डैडी को वही बातें पसंद थी। नैन्सी हमेशा मज़हब के ख़िलाफ़ बात करती...मज़ाक उड़ाती मज़हब का। उसके अनुसार मज़हब के अनुसार चलने वाले दक़ियानूसी होते हैं...पिछड़े हुए लोग। शुक्र मनाती कि हेनरी अष्टम ने मज़हब को आधुनिक चोला पहना दिया वर्ना आज भी हम कितने पीछे रह गए होते। उसके पिता सदा ही मध्य मार्ग की बात करते। छोटी बहनें स्वयं ही बड़ी बहन को देख कर उसी के पदचिन्हों पर चलना चाहती थीं। इसी लिए कहा जाता है कि पहले बड़े बच्चे को अच्छे संस्कार दे देने से बाद के बच्चे ख़ुद ही

उसके पीछे चलने लगते हैं।

लिसा की यह हालत देख कर पी.सी. रूथ ने केवल कंधे पर हलका सा हाथ रख दिया और चुप खड़ी रही। लिसा अब तुमको अस्पताल जाना होगा चेकअप के लिए।

"क्या तुमको यक़ीन नहीं आ रहा जो मैं बक रही हूँ?"

"नहीं लिसा ऐसा नहीं...यह सब कोर्ट की रिक्वाएमेंट्स होती हैं।"

फिर लिसा सोचने लगी कि घर में चैन हो जाएगा...और अब वह अपने डैडी के दिए घर में मज़े से रह सकेगी...अपनी बहनों की भी देख भाल कर सकेगी...वे भी सुरक्षित रहेंगी उस भेड़िये से...ना मालूम जेल कब तक जाएगा!

नैन्सी ने कुछ दिनों से लिसा को समझाना शुरू कर दिया था कि ओ-लेवेल्स का इम्तहान देने के बाद अपने क्षेत्र की काउंसलर की सलाह उसकी सर्जरी में जाकर अपने लिए एक बेडरूम के फ़्लैट की माँग करे। हाउसिंग डिपार्टमेंट वाले फ़ौरन तो सुनते नहीं हैं। दुनिया भर की इंक्वायरी करते हैं। जैसे ही अठ्ठारह वर्ष की होगी, अलग फ़्लैट में रह सकेगी।

'यह कैसी माँ है?' लिसा सोचती। यहाँ तो बच्चे घर छोड़ कर भागने के चक्कर में होते हैं और यह मुझे भगाने के चक्कर चला रही है! मैंने तो नहीं सोचा कि मुझे फ़्लैट लेकर अलग होना है। तो फिर माँ को क्या जल्दी पड़ी है...? हमारे डैडी तो हम तीनों बहनों के लिए ही घर छोड़ कर गए हैं कि हम सुखी रहें।

वह स्वयं ही माँ के इस रवैये से चिंतित रहते थे, पर संकोच आता ऐसी गन्दी बातें पत्नी के बारे में सोचते हुए। उसकी उज्ज्वल धुली-धुलाई साफ़-सुथरी बेटियों ने उसी माँ की कोख से जन्म लिया है। 'मेरी बेटियाँ तो मदर मेरी की तरह पवित्र, मासूम और सुंदर हैं।'

कितना प्यार करते थे हमारे पिता हमसे, मुझको तो कितना बड़ा हो जाने तक कंधे पर उठा लेते और पूरे घर के चक्कर लगाते...ये सोचकर लिसा को अपने बड़े हो जाने पर हल्की सी कसक महसूस होती...

ये सोचकर कि यदि आज डैडी होते और मैं अपने मज़बूत डैडी के मज़बूत कंधों पर बैठ जाती तो मेरी टाँगें तो धरती को चूमती ही रहतीं...वह यह सोच कर चकराने लगी कि उस दिन इन्हीं लंबी टाँगों से रक्त की बारीक़ सी कुँवारी लकीर बह कर घुटनों और टख़नों तलक पहुँचकर वैसे ही खो गई जैसे नदियाँ अपने अस्तित्व को समुद्र में समर्पित कर गुम हो जाती हैं। गुम वह भी थी इस उधेड़बुन में कि माँ ने काउंसलर के पास जाने की रट क्यों लगाई हुई है...?

महसूस तो उसको होता था अंदर से खोखलापन...टूट गई थी जैसे, जब उस अधखिली कुँवारी का प्रेगनेंसी टेस्ट हुआ था। लॉर्ड जीज़स ने अपना स्नेह बनाए रखा और उसका टेस्ट निगेटिव निकला। यदि ऐसा ना होता...इसका उल्टा हो जाता तो क्या वह जी सकती थी इस पाप के बीज को लेकर! कभी नहीं...कभी नहीं...! हालाँकि अब वह इस घनघोर समस्या से बाहर आ गई थी...मगर...

समस्याओं ने तो उसका परिवार ढूँढ़ लिया था। घर तो उसी दिन दुखों की सुपर मार्केट बन गया था जिस दिन वह दुम हिलाता कुत्ता इस घर में आया था...अब वह फ़िल को ऐसे ही सम्बोधन से याद करती। लिसा का इतना बड़ा बलिदान देने के बाद उसकी अपनी माँ संयम से काम लेगी, लिसा सोचती। यही एक आशा उसको सहारा दिए हुए थी...मगर माँ, उसके बड़े हो जाने पर इसलिए ख़ुश है कि अब वह अलग फ़्लैट में शिफ़्ट हो जाएगी।

''माँ...! मैं क्यों बेईमानी करूँ...! मेरे पास तो रहने को दिया हुआ घर मौजूद है। और हाँ डैडी को तो काउंसिल से फ़्लैट भी मिल गया है। मैं क्यों काउंसिल पर बोझ बनूँ? मेरे बदले वो फ़्लैट किसी होमलेस व्यक्ति को मिल जाएगा।''

लिसा जितनी ईमानदार थी, माँ नैन्सी उतनी ही चांडाल। उसका तो ख़मीर ही गड़बड़ है। कोई सोच सीधी रेखा पर चलती ही नहीं थी। उलझी बातें करती और उसी में उलझा देती आसपास के रिश्तों को।

''लिसा, आज शनिवार है; काउंसलर दस से साढ़े ग्यारह बजे तक ग्राहम पार्क लायब्रेरी के एक कमरे में बैठती है। तू पौने दस बजे ही जाकर बैठ जा। शायद तेरा नंबर पहला ही आ जाएगा। सुना है काउंसलर दुःखी लोगों का कष्ट महसूस करने वाली महिला है।''

''माँ तुमने जो दुःख दिया है उसको काउंसलर तो क्या संसार का कोई भी व्यक्त नहीं धो सकता...मैंने कह दिया है...न तो मैं काउंसलर के पास जाऊँगी और ना ही अलग फ़्लैट में। मैं अपनी बहनों के साथ अपने डैडी के दिए हुए घर ही में रहूँगी।''

''मेरी बात मान ले लिसा...ज़िद ना कर...अब इस घर में भीड़ बढ़ रही है।''

''आजतक तो घर में भीड़ नहीं महसूस हुई। अब अचानक क्या हो गया है? माँ...मैं कोई एसाइलम सीकर नहीं हूँ...जिसके पास रहने की कोई जगह ना हो। मैं इस लिए नहीं जाऊँगी कि किसी ज़रूरतमन्द का हिस्सा मारा जाएगा और इसलिए भी नहीं जाऊँगी कि मेरे पास घर है...मैं बेघर नहीं हूँ। हाँ बे-माँ ज़रूर

महसूस करने लगी हूँ...!''

उस दिन पहली बार लिसा के व्यवहार में कड़वाहट की मिलावट महसूस हो रही थी। लिसा का शहद की तरह मीठा लहजा शेविंग ब्लेड की तरह कटारी चीरता चला जा रहा था।

नैन्सी तो बेहिस हो चली थी...ख़ुदग़र्ज, लापरवाह...केवल अपने बारे में सोचना...और...अपने ही लिए जीना...और फिर अपनी बेचारगी के दुःख रोना।

और...

कितनी बेचैन थी नैन्सी उस दिन...

उस दिन से वर्षों तक मुलाक़ात वाले दिन तीन घंटा जाना और तीन घंटा आना करती रही। लिसा को कोसती रही कि इस अभागन के कारण मेरा फ़िल जेल गया इसका भी तो सौतेला बाप हुआ...इसको बाप का कोई ख़्याल नहीं!

आज जब वह वापस आने वाला है तो सवेरे ही से नैन्सी अपना बेडरूम सजाने में व्यस्त है। अपने मोटे-मोटे काले मैल भरे नाख़ूनों में से खोद-खोद कर मैल निकालकर नाख़ूनों को गाढ़ा लाल रंग कर बीर बहुटी बना रही है। बालों में भी रोलर लगाए घूम रही है कि घुँघर वाले बाल ज़रा घने लगेंगे वर्ना सिर की खाल जगह जगह से दिखाई देने लगी है। ब्लाउज़ के साथ काली चमड़े की मिनी स्कर्ट, घुटनों से दस इंच ऊपर कूल्हों पर फँसी, पहनकर बाहर निकली और मॉडल बनकर खड़ी हो गई। दोनों छोटी बेटियों से राय लेने लगी कि-मैं कैसी लग रही हूँ?...वो दोनों देखकर खिलखिलाने लगीं और लिसा की नज़र सीधे उसकी टाँग पर उभरी हुई नाड़ियों पे जा टिकी-जैसे विश्व की एटलस की तमाम नदियाँ नीला जाल बिछाए और कहीं-कहीं छोटे-छोटे ख़ून जमे हुए टीले बने नज़र आ रहे थे।

वह कमरे से बाहर निकल गई, माँ की लाल साटन की ब्लाउज़ पर नज़र डालते हुए जिसमें से उसके अंग बाहर को उबल पड़ रहे थे। नैन्सी ने बेटियों का भौंचक्कापन देखकर स्वयं ही सोचा कि ब्लाउज़ इतनी ऊँची होनी चाहिए कि उसकी गोरी कमर और पेट नज़र आए। कमरे का पीला बीमार सा बल्ब निकाल कर लाल रोशनी वाला बल्ब लगा दिया कि कमरा देखते ही फ़िल के होश उड़ जाएँ...। और...!

उसे क्या मालूम फ़िल को तो कच्चा ख़ून मुँह को लग चुका है...!

और आज उस से कहीं अधिक बेचैन है लिसा...! उसे जब अहसास हुआ कि आज वह दरिन्दा वापिस आ रहा है और माँ उसको इसी घर में वापिस ला रही है जहाँ उसकी अपनी बेटी की जीवन भर की तपस्या...कुँवारी रहने की

तपस्या...जीज़स क्राइस्ट के बताए रास्तों पर चलने की तमन्ना, मदर मेरी की तरह पवित्र रहने की ख़्वाहिश और पिता के सिखाए संस्कारों पर क़ायम रहने की उमंग...अब तो सब भंग हो चुका है। पर यह नैन्सी अब भी बाज़ नहीं आती... क्या दोनों बहनों की भी बलि लेगी...? ऐसा नहीं होने दूँगी...कभी नहीं...

काउंसलर के सामने खड़ी गिड़गिड़ा रही है, "मैं कुछ नहीं जानती मुझे अलग फ़्लैट चाहिए...एक कमरे का चाहिए...मैं अपना घर छोड़ दूँगी...छोड़ दूँगी अपना घर...हाँ छोड़ दूँगी अपने डैडी का घर..."

मेरे हिस्से की धूप

गरमी और उस पर बला की उमस!

कपड़े जैसे शरीर से चिपके जा रहे थे। शम्मो उन कपड़ों को सँभाल कर शरीर से अलग करती, कहीं पसीने की तेज़ी से गल न जाएँ। अम्माँ ने कह दिया था, "अब शादी तक इसी जोड़े से गुज़ारा करना है।"

ज़िंदगी भर जो लोगों के यहाँ से जमा किए चार जोड़े थे वह शम्मो के दहेज के लिए रख दिए गए–टीन के ज़ंग लगे संदूक में कपड़ा बिछा कर। कहीं लड़की की ही तरह कपड़ों को भी ज़ंग न लग जाए।

अम्माँ की उम्र इसी इंतज़ार में कहाँ से कहाँ पहुँच गई कि शम्मो के हाथ पीले कर दें। शादी की ख़ुशियाँ तो क्या, बस यही ख़्याल ख़ुश रखता था कि शम्मो अपने डोले में बैठे तो बाक़ी लड़कियाँ जो कतार लगाए प्रतीक्षा कर रही हैं, उनकी भी बारी आए। अम्माँ की फ़िक्र और परेशानी तभी तो ख़त्म हो सकती हैं।

शम्मो को देखने तो कई लोग आए मगर किसी ने पक्के रंग की शिकायत की तो किसी को शम्मो की नाक चिपटी लगी। यहाँ तक कि किसी-किसी को तो शम्मो की बड़ी-बड़ी काली आँखें भी छोटी लगीं। हर ग्राहक के जाने के बाद शम्मो अपने आपको घंटों टूटे हुए आइने में देखा करती।

कभी अपनी नाक को चुटकी से पकड़-पकड़ कर ऊँचा और पतला करती या कभी आँखें खींच-खींच कर और बड़ा करने का प्रयास करती। और नहीं तो साबुन से रगड़ रगड़ कर मुँह ही घिसना शुरू कर देती। फटे तौलिए से, जिसके रोंए पोंछ-पोंछ कर झड़ चुके थे, जूते की तरह चमकाने की कोशिश करती। इस सारी प्रक्रिया से थक जाती तो गहरी साँस लेते हुए धम से पलंग पर गिर जाती।

बेचारा पलंग–इसे पलंग कहना इलज़ाम ही माना जा सकता था। हाँ इसे झिलंगा कहा जा सकता था। उसके लेटते ही पलंग ज़मीन से जा लगता। शायद अम्माँ ने पलंग भी शम्मो के जन्म के आसपास ही ख़रीदा होगा। बेचारा अभी भी झकोले दे रहा था।

शम्मो घंटों बेसुध सी पड़ी रहती और बेचैन माँ को इधर से उधर चलता फिरता देखती रहती। इसी तरह पड़े-पड़े आँख लग जाती जब तक कि मच्छर आक्रमण न कर देते। सारे मच्छर एक सुर में भुनभुनाते हुए जब हमला करते तो कभी अपने कानों पर हाथ मारती या कभी दुपट्टे से मुँह ढाँपने का प्रयास करती। दुपट्टे के बड़े बड़े सुराख़ों से ताँक-झाँक करते हुए मच्छर एक बार फिर शम्मो को बेचैन कर देते।

काश! उसके घूँघट से भी कोई ऐसे ही ताक-झाँक करता। वह शरमाती, लजाती, इक़रार के अंदाज़ में इनकार करती और फिर...। फिर अपने आपको किसी को सौंप देती। किंतु वह कब आएगा? क्या उसके सपने बिना किसी राजकुमार के आए ही टूट जाएँगे?

कब तक इसी तरह इसी घर में अम्माँ के बच्चों की देखभाल करती रहेगी? वह गहरी और बेफ़िक्र नींद भी न सो पाती क्योंकि अम्माँ से अधिक स्वयं उसको अपने छोटे भाई-बहनों का ख़्याल रहता। इसी तरह के हज़ारों ख़्यालों से उलझती रहती और न जाने कब नींद की गोद में पहुँच जाती। दिन भर बैल की तरह काम करके शरीर फोड़े की तरह दुख रहा होता। सोने में हलके-हलके कराहने की आवाज़ आती रहती। आनन -फानन में मुर्गों की बाँग मस्जिद के मुल्लाओं से मुक़ाबला करने लगती और शम्मो और ज़ोर से मुँह ढाँप लेती; कानों को तकिए से दबा कर बंद करने की नाकाम कोशिश करती। किंतु तकिया भी पैबंदों की ज़्यादती और रुई की गुठलियों के कारण कानों को चुभता।

अम्माँ की आवाज़ कानों में नश्तर की तरह चुभती, "उठ शम्मो बेटी! गुड्डु को ग़ुसलख़ाने ले जा, वरना सुबह होते-होते बिस्तर भिगो देगा।" शम्मो लेटे-लेटे सोचती कैसा बिस्तर? क्या एक बोसीदा चादर जो सुराख़ों की कसरत से जाली बन गई है, चादर कहलाए जाने की हक़दार भी है? अगर गुड्डु भिगोने का प्रयास भी करे तो भिगो नहीं पाएगा, क्योंकि सब कुछ छन जाएगा। अम्माँ की आवाज़ फिर से आती, "अरे शम्मो, उठ न बेटी, अभी तक पड़ी सोए जा रही है! सूरज सर पर चढ़ा आ रहा है, और तू है कि तेरी नींद ही नहीं टूटती। तेरी उम्र में तो तेरे समेत मेरे चार बच्चे हो चुके थे और अल्लाह रक्खे, आख़िरी दो तो तेरे ही लगते हैं। अब उठ भी जा बेटी, उठ जा!"

शम्मो यह सोचती रहती कि अम्माँ ने अपनी शादी तो मज़े से कम उम्र में रचा ली; और अब मेरी बारी आई है तो इन्हें कोई वर ही नहीं मिलता। फिर वह अपने पक्के रंग को दोष देने लगती। इसमें अम्माँ का क्या दोष, यह तो अल्लाह की मर्ज़ी है।

बेचारी शम्मो! उसे क्या मालूम कि उसके सलोने हुस्न में जो कशिश है वह

दुनिया के किसी और रंग में नहीं है। इस कृष्ण रंग में वह क़ूवत है जो मुहब्बत की गर्मी और दूसरों की मुसीबतें जज़्ब कर लेने की ताक़त रखता है। किंतु इसके लिए राधा और मीरा जैसी मन की आँखों की ज़रूरत पड़ती है। हर आने वाला शम्मो की ऊपरी कमज़ोरियों को देखता; उसके मन के भीतर की थाह लेने की ज़रूरत महसूस नहीं करता।

बेचारी शम्मो! जब रात गए लेटती, कोठरी की छत से चूती बारिश की फुहारें उसको भिगोती रहतीं। वह बिस्तर के हर कोने, हर पट्टी में पनाह ले कर थक जाती तो उसके गले से गुनगुनाहट उभरने लगती–

अम्माँ मेरे भइया को भेजो री कि सावन आया
अम्माँ मेरे भइया को भेजो री कि सावन आया
कि सावन आया
कि सावन आया
कि सावन...

और फिर पलंग की बेढंगी खुरदरी मोटी सी पट्टी से लिपट कर नींद के आग़ोश में गुम हो जाती। जवानी की नींद भी तो कितनी मस्त होती है। तमाम दुःख और दर्द सिमट कर नींद की भेंट चढ़ जाते हैं। अम्माँ को शम्मो की बेसुध जवान नींद से खासी चिढ़ थी। पर अम्माँ जैसे अपनी जवानी की नींद भूल ही गई थी। इसी नींद ने तो बच्चों की एक फ़ौज खड़ी कर दी थी।

अब्बा ने तो कभी अम्माँ को बेसुध सोने का ताना नहीं दिया। वह तो ख़ुश होते थे जब अम्माँ हाथ पैर ढीले छोड़ कर दुपट्टे की गठरी बना कर सिर के नीचे रख लेती और सो रहती। शरीर का हर अंग अब्बा को निमन्त्रण दे रहा होता। माँ झिलंगे पलंग पर पड़ी बड़े सुर में ख़र्राटे ले रही होती और चंद महीनों बाद ही हम बड़े भाई बहनों को ख़ुशख़बरी सुनाती, "सुनो बच्चो, तुम्हारा नन्हा-मुन्ना सा भाई या बहन आने वाला है। अब मुझे परेशान न करना और अपने तमाम काम आप ही करने की कोशिश करना, क्योंकि मुझसे अब नहीं होते यह काम काज। काम करूँ या बच्चे पैदा करूँ? मुझे गाय भैंस समझ लिया है तुम्हारे बाप ने! हर साल गाभिन कर देता है, जानवरों की तरह।"

शम्मो सोचती अम्माँ को क्या फ़र्क पड़ता है। मज़े उड़ाती है आप और रोब मारती है हम पर। सारा काम तो मुझे ही सँभालना पड़ता है। यह भी नहीं कि बच्चे सुंदर ही पैदा कर दे, कि किसी राह चलते की हम पर नज़र पड़े तो मुस्कुरा ही दे। हम चार दिन तो उसको सोच-सोच कर ख़ुश हो लेते। उसके ख़्वाब देख लिया करते। फ़िल्मी गाना गाते समय उसी से सब कुछ जोड़ लिया करते। यह सोचते ही शम्मो के शरीर में रोमाँच हो उठा।

ऐसा लगता जैसे शम्मो बेचारी पर जवानी तो आई ही नहीं। सीधे बचपन से उठ कर प्रौढ़ा बन गई। जैसे किसी ज़हीन बच्चे को डबल प्रमोशन दे दी गई हो, और बच्चा अपने साथियों से बिछड़ जाने के दुःख में न तो रो सके और न ही आगे बढ़ जाने की ख़ुशी में हँस सके। ग़रीब की ज़िंदगी भी कुछ यों ही आगे बढ़ती जाती है।

शम्मो को कभी समझ नहीं आया कि वह अपनी छोटी बहन रानी का क्या करे। वह उससे बस एक ही साल छोटी है। लेकिन उसके शरीर का उठान शम्मो के मुक़ाबले कहीं ज़्यादा ज़रख़ेज़, रंग ज़रा खिलता हुआ पर नक़्श वही नकटे, चिपटें। उसकी अदाएँ निराली थीं–न किसी से डर, न ख़ौफ़। बिंदास–छोटी-छोटी आँखों को टेढ़ी करके बात किया करती; बात–बात पर खिलखिला कर हँस देती; और हँसते हुए झूल सी जाती। वो जो कपड़े पहने होती, ऊँचे-नीचे, बेमेल से, कहीं–कहीं से सिलाई खुले हुए उन कपड़ों से जवानी झाँक रही होती। वह एक ऐसी बेरी थी जिसके कारण घर में कंकरों की आमद बनी रहती। मुहल्ले के हर लड़के को रानी जानती थी, हर लड़का उसका दोस्त था, उसका दीवाना था।

शम्मो इस मामले में भी उसकी माँ का किरदार निभाती थी। ऊँच–नीच समझाती। पर रानी की चंचल तबीयत को कौन लगाम देता? पारे की तरह अस्थिर और चंचल! घर के भीतर तो घुटन का माहौल तनाव पैदा करता। माँ-बेटियाँ चुप–चुप, परेशान परेशान, हर समय लेक्चर। फ़िक्र यही रहती कि अगले वक़्त पकेगा क्या। रानी को यह सब बेकार लगता–बोरिंग! वह तो एक छलावा थी, कभी यहाँ कभी वहाँ। किस समय किसकी झुग्गी में बैठी बातें बघार रही होगी, यह मालूम करना मुश्किल हो जाता।

अम्माँ कह–कह कर थक गई थी, "रानी, तू नाक कटाएगी–नाक!" रानी एक नहीं सुनती। सारा दिन लड़के–लड़कियों के साथ बाहर घूमना–खाना और खेलना, बस यही उसकी दिनचर्या थी। बेफ़िक्री की वजह से रंग निखरता जा रहा था और बदन गदराने लगा था। हफ़्तों पहले धुले बाल भी उलझे–उलझे, काले–काले, चमकदार हुए रहते थे। बदबू से क्या होता है? बदबू भी तो जवान थी। जवानी की बदबू को गली के लड़के ख़ूब अच्छी तरह समझते थे। रानी का तो काम ही था हर वक़्त बोलते रहना–फ़िल्मी डायलॉग भी बोल लेती और गाने गाती लहक-लहक कर।

अम्माँ का पेट अकसर फूला और जी काँपता रहता कि वह दूसरी लड़कियों को कैसे सँभालेगी। अगर रानी को लगाम न लगा सकी तो होगा क्या? चुन्नी–मुन्नी तो पैदा होते ही पोलियो की मार खा गईं। आजतक घिसट–घिसट कर चल

लेती हैं, तो वो भी अल्लाह मियाँ की कृपा ही है। वर्ना इन चारों टाँगों की भी देखभाल करनी पड़ती। कौन देता पहरा इतनी सारी लड़कियों की किस्मत पर? लड़कियों के तो देखते ही देखते पंख निकल आते हैं–चिड़ियों की तरह आज़ाद उड़ना चाहती हैं। पता भी नहीं चलता कि कब और क्या हो गया। इन अभागिनों को भगवान ने भाई भी दिया तो एक ही। वह अभागा तो अपनी उम्र से ज़्यादा ही छोटा और मासूम है। उस पर तो कोई ज़िम्मेदारी भी नहीं डाली जा सकती। और बेचारी अम्माँ! उसके पास समय ही कहाँ बचता था–बच्चों की भूख मिटाती या उनकी देखभाल करती? अब्बा ने तो बच्चों की पलटन खड़ी कर, अम्माँ के हवाले कर ख़ुद जन्नत में जाकर घर बसा लिया। अम्माँ को ज़िंदगी और मौत के बीच हिचकोले खाने के लिए अकेला छोड़ गए। अम्माँ किसको देखती! किस-किस का ख़्याल रखती? हालाँकि सामने खड़ी फ़ौज के सभी सिपाही उसकी अपनी कोख के जाए थे।

रानी बस्ती वालों को हैरान किए रखती थी। रोज़ाना उसकी शिकायतें सुन-सुन अम्माँ परेशान रहती। कई बार तो कह भी देती, "अगर तू न पैदा हुई होती, कलमुँही, तो दुनिया में क्या कमी रह जाती?" वैसे किसी न किसी समय तो अम्माँ अपनी सभी बेटियों के बारे में यही सोचती। उसका पूरा जीवन अपने बेटे पर ही केन्द्रित था। बच्चियाँ! करें भी तो क्या? क्या पढ़ाई करें? क्या उम्मीद रखें इस बस्ती के स्कूलों से? स्कूल तो वैसे ही परेशान बच्चों का जमघट लगते थे। ऊपर से अध्यापक बच्चों से भी अधिक परेशान और दुःखी लगते। उनके चेहरों पर चिंता और उलझनों के लक़ीरें साफ़ दिखाई देती थीं। शायद उनके अपने घरों की भी वही समस्या थी; फिर बेचारे बच्चों को क्या ख़ाक पढ़ाते!

रानी बता रही थी कि हिसाब की मिस का चक्कर भूगोल के टीचर से चल रहा है। यह सुन कर अम्माँ ने सिर पकड़ लिया और रानी की ख़ूब पिटाई लगाई थी, "करमजली, अपने उस्तादों के बारे में ऐसी ऊल-जलूल बातें नहीं करते–अरे वो तो अल्लाह के बंदे होते हैं।" पर अम्माँ को क्या मालूम कि हर घर में एक शम्मो बसती है। चक्कर चला कर शायद हिसाब वाली मिस अपना हिसाब चुकाने का प्रयास कर रही हो। वर्ना ग़रीब की लड़कियों का जोड़ा तो शायद भगवान के यहाँ ही बैठा रह जाता है; और लड़कियाँ बैठे-बैठे गीली लकड़ियों की तरह सुलगती रहती हैं।

रानी ने अपनी इन हरकतों से कई जोड़े बनवाए और कई बनते जोड़े टूट भी गए। छेड़- छाड़ उसकी आदत थी। जहाँ किसी लड़के को किसी लड़की से बात करते देखा और ले उड़ी। सारे मुहल्ले में आजकल के पत्रकारों की तरह झूठी-सच्ची ख़बर आग की तरह फैला देती। जिस किसी के दिल में गुदगुदी न

भी हुई होती, रानी की बातें सुन होने लगती। और ऐसा ही हुआ; बहुत दिनों बाद उस बस्ती में जवान लड़के लड़की का विवाह हुआ और हिसाब की 'मिस' भूगोल के 'सर' के साथ विदा हो गई। रानी को ख़ुशी हुई कि उसे अब दोनों विषयों को पढ़ने से छुटकारा मिल जाएगा। वैसे रानी को फ़र्क कहाँ पड़ता था। वह तो हर कक्षा में पीएच.डी.। करके ही आगे बढ़ती। पंद्रह की हो गई थी, मगर किसी भी तरह बस तीसरी जमात में पहुँच पाई थी।

चंचल रानी एक शाम अम्माँ से छेड़छाड़ करती रही कि अम्माँ ने इतना दहेज जमा कर लिया है मगर लड़के ही नहीं मिलते। रानी थी बहुत तिग़ड़मी। बचपन से सारे मुहल्ले की इंस्पेक्शन करना उसका प्रिय शग़ल था। घर-घर के समाचार मालूम करना, फिर उनका प्रचार-वह अपनी ज़िम्मेदारी व कर्तव्य समझती थी। अम्माँ को बताए बिना अंकल जी के यहाँ उसने बरतन माँजने की छोटी सी नौकरी कर ली थी। यों तो अंकल जी की आड़ में तो आजकल बहुत कुछ होने लगा था। सिर्फ़ अंकल जी कह देना होता था...बस! अंकल जी को पासपोर्ट मिल जाता था कहीं भी जाने का।

रानी को इतने पैसे मिल जाते थे कि चाट खा लेती, सुर्ख़ी ख़रीद लेती; कभी मोटे-मोटे गोल-गोल होंठों को लाल-लाल रंग लेती; कभी नाख़ूनों की हदों से बाहर को फैली हुई ऊबड़-खाबड़ नेल पॉलिश पोते जवानों व बूढ़े मर्दों के ईमान डगमगाती रहती। धड़ल्ले से घर-घर की ख़बर व ख़ैरियत मालूम किया करती।

अंकलजी और आँटी जी दोनों ही उसके स्वभाव से बहुत ख़ुश रहते। मज़बूत बाजुओं से पतीलियाँ चमाचम चमका दिया करती। अंकल जी की आँखें उसको देख कर पतीलियों से भी कहीं अधिक चमक जातीं। आँटी जी रोज़-ब-रोज़ उसके काम बढ़ाती जातीं पर मज़दूरी न बढ़ातीं। बदले में रात की बासी रोटी पर दाल रख कर खाने को दे देतीं। रानी के लिए वही दाल मल्टी-विटामिन का काम करती। ऐसी निखरी जा रही थी कि दूसरी बहनें उसे सिन्ड्रेला समझ कर जलने लगी थीं।

एक दिन मौक़ा देख कर अंकल जी ने उसकी उम्र पूछ ही ली। साढ़े अट्ठारह साल! अंकल जी ने कुछ हिसाब लगाया। उँगलियों पर नहीं-मन ही मन। आँखें नचाईं और रानी के कंधे पर हाथ रखते हुए बोले, "तेरे घर में आइना है?" रानी को आँखों के आइने में सब कुछ नज़र आ गया। ज़रा इतरा कर बोली, "अंकल जी मुझे आँटी जी बहुत अच्छी लगती हैं। कितनी जवान भी हैं। आपसे तो बहुत छोटी हैं।"

"अरे तो क्या हुआ? मर्द को उम्र से नहीं जाँचा जाता।"

"फिर कैसे जाँचा जाता है?" रानी ने ज़बान ऐंठा कर कहा, जैसे मजाक

उड़ा रही हो।

अंकल जी लड़खड़ा गए। उम्र का अहसास होते ही बोल पड़े, "तुम्हारी कोई बड़ी बहन भी है क्या?"

"हाँ, है तो...!" रानी ने 'तो' को इतना लंबा खींच दिया, और फिर छोटी-छोटी काली-काली आँखों से, जिनमें ये काजल बाहर को उबला पड़ रहा था, घुमा कर झपक कर टेढ़ी करते हुए दोबारा आवाज़ लगाई, "अंकल जी, बोलो न! कहाँ खो गए?"

अंकल जी तो उलझ गए थे। खोए कहाँ थे? रानी के कंधे पर रखा हाथ इतना हल्का पड़ गया था कि महसूस ही नहीं हो रहा था कि कहाँ गया उनका वह हाथ।

रानी ने सारे मुहल्ले में घूम-घूम कर दोस्तियाँ बना बना कर और दोस्ती न निभा कर जो पीएच.डी. की थी-तजुरबे की पीएच.डी.-उस पर अंकल जी जैसे कई एक क़ुरबान किए जा सकते थे। ग़रीब लड़की जिन-जिन राहों से जितनी मंज़िलें तय करती है, हर मंज़िल की अपनी एक कहानी होती है।

न जाने ऐसी कितनी कहानियों से रानी गुज़र चुकी थी। अब तो उसको एक ही धुन थी-शम्मो की शादी! बाजी रास्ते से हटे तो उसका काम बने! रानी ने फट से शम्मो की बातें शुरू कर दीं, "बाजी के नक़्श बहुत तीखे हैं, रंग खुलता हुआ साँवला है, लंबी और पतली हैं मेरी बाजी, सिलाई बहुत अच्छी करती हैं-खाना भी बहुत स्वाद पकाती हैं! मेरे इकलौते भाई को भी उसी ने पाला है-बच्चे अच्छे पाल लेती हैं।"

अंकल जी तो काली छोटी-छोटी चमकती आँखों, भरे-भरे मोटे-मोटे होंठ और काले-काले बालों में उलझ गए थे पर वह भी तजुरबेक़ार थे, "तुम्हारी बाजी की...उम्र क्या होगी भला?"

"यही कोई पच्चीस साल।"

"शादी क्यों नहीं हुई अभी तक?" डूबती हुई आवाज़ अंकल के हलक से बाहर आई।

"अरे अंकल, अगर उसकी शादी हो जाती तो फिर भाई की देखभाल कौन करता?"

"भाई कितना बड़ा है?"

"बीस का होगा?"

"क्या करता है?"

"बहुत अच्छे लोगों की सोहबत में पड़ गया है। उसे पढ़ा रहे हैं और ऊपर से खर्च करने को पैसे भी देते हैं। माँ उसके लाए पैसों से ही हमारा दहेज बना

रही है...बाजी के लिए चार ही दिन पहले टीन का चमकता हुआ संदूक भी आ गया है...भाई जब पैसे लाएगा, तो बर्तन ख़रीदेगी माँ।'' मिनटों में रानी ने अपनी कैंचीदार ज़बान से घर की तमाम पोल खोल दी; और अंकल जी को ग़ौर से देखती रही कि कहीं खिसक न जाएँ, बदल न जाएँ। अंकल जी ने बाजी की उम्र पर ऐतराज़ करते हुए दूसरी शादी कर लेने का अहसान रानी के कंधों पर डाल दिया। बहुत दूर की सोच ली थी अंकल जी ने–शादी के बाद रानी का आना-जाना भी तो लगा रहेगा–कभी न कभी तो पकड़ में आ ही जाएगी। आँटी जी को तो जैसे भूल ही गए थे।

रानी ख़ुद हैरान थी कि आंटी जी को कैसे समझाएँगे...क्या बताएँगे?...क्या ये सचमुच की शादी करेंगे भी या यों ही कह रहे हैं। वह बेचैन थी अम्माँ को यह ख़ुशख़बरी सुनाने को...मगर कहेगी क्या? घबराकर बोली, ''अंकल जी, आप अम्माँ से ख़ुद ही बात कर लीजिए न...!''

अंकल जी की आवाज़ जैसे किसी गहरे कुएँ में से बाहर आई, ''अच्छा!'' उन्होंने कह तो दिया, परंतु लगा जैसे कुएँ में झाँकते हुए गहराई से आवाज़ गूँज कर बार-बार कानों से टकरा रही है, और पानी में खिचड़ी बाल, चेहरे की गहरी लकीरें भी नज़र आ रही हैं। रंग अपने चेहरे का दिखाई नहीं दे रहा था क्योंकि कुएँ के अँधेरे में घुलमिल गया था।

रानी को आँटी जी पर रहम आने लगा, ''अंकल जी फिर आँटी जी का क्या होगा?''

''अरे होना क्या है, पहली बीवी के तमाम हक़ तो उन्हें मिलेंगे ही।''

''तो फिर बाजी...?''

वह बात पूरी भी नहीं कर पाई थी कि अंकल जी ने ऐसे सिर को लहराया कि उनके बालों के चमकते हुए सिर में लगे तेल से रानी की आँखें चौंधिया गईं। रानी मुस्कुरा दी। अंकल जी शरमा गए। माथे पर आए पसीने को रूमाल निकाल कर पोंछने लगे। रानी को जल्दी पड़ी थी माँ को ख़ुशखबरी सुनाने की। आख़िर उसने बाजी के लिए वर ढूँढ़ ही लिया। जी तो चाह रहा था कि अम्माँ से कहे, ''बाजी के लिए लड़का ढूँढ़ लिया है!'' अंकल जी चाहे जैसे हैं आख़िर हैं तो इन्सान का बच्चा। अब यह अलग बात है कि अंकल जी अपने बच्चों के घर भी बसा चुके हैं।

आज बहुत दिनों बाद माँ के मुरझाए चेहरे और सूखी आँखों में चमक महसूस हुई। माँ अंकल जी से मिलने को बेचैन सी थी। वह चाह रही थी कि शम्मो आज जल्दी सो जाए तो वह रानी से पूरी कथा सुन सके। अगर शम्मो ने साफ़ मना कर दिया तो मुश्किल हो जाएगी। किंतु शम्मो आज किसी और वजह

से परेशान है, "अम्माँ, मुझे नहीं पसंद भैया का व्यवहार। अचानक इतनी देर रात तक ग़ायब रहने लगा है। ठीक है लोग अच्छे हैं पैसे भी देते हैं, मगर माँ परिवार को भुला तो नहीं देना चाहिए न!"

अम्माँ उसकी बातों पर कोई ध्यान नहीं देती। उसको तो जल्दी पड़ी है कि शम्मो सो जाए तो वह रानी से कानाफूसी शुरू कर सके। तीनों छोटी लड़कियाँ अपने हालात से बेख़बर पड़ी सो रही थीं। सोने में हँसती भी थीं और रोती भी। अभी रानी की तरह उनको फ़िक्र नहीं होती थी हाथ पीले कराने की। बस एक ही तमन्ना थी–अच्छा पहनने को मिल जाए और पेट भर खाना नसीब हो जाए।

अम्माँ ने मौक़ा ढूँढ़ कर रानी से अंकल जी के बारे में मालूम किया और पेशानी की लकीरें कुछ और गहरी हो गईं। सोच कर बोलीं, "अगर अलग घर ले कर रखें तो क्या बुरा है? बेचारी शम्मो कब तक झिलंगे पलंग की बाँध तोड़ती रहेगी। शम्मो निकले तो तेरा रास्ता खुले। मैं भला कब तक बैठी रखवाली करती रहूँगी जवान बेटियों की?...तुम बहनें अपने–अपने घर जाओ तो बहू घर लाने की सोचूँ।...और फिर नये रिश्ते बनते हैं तो नये नये चेहरे भी सामने दिखाई देने लगते हैं। अब तो गुड्डू भी जवान है, भला कब तक बहनों की ख़िदमत करता रहेगा बेचारा।"

"कैसी ख़िदमत!" सोच रही थी रानी। कल तक तो उसे गुसलख़ाने जाने की तमीज़ नहीं थी। बस दो सालों से ही तो कहीं से पैसे लाने लगा है...वैसे अजीब सा बद–तहज़ीब भी हो गया है। जब देखो बहनों को भाषण देना शुरू कर देता है। अम्माँ ख़ुश है। उनका बेटा कमाऊ जो हो गया है।" रहने दो अम्माँ, अभी तक किताबें कहाँ ठीक से पढ़ पाता है।" रानी बीच में टपक ही पड़ी। अम्माँ भला गुड्डू के विरुद्ध कहाँ कुछ सुन सकती थीं। बस एक हत्थड़ पड़ा रानी की पीठ पर–चटपटा सा!

अंकल जी की बेचैनी उनके नियंत्रण से बाहर होती जा रही थी। शम्मो ने भी हाँ कर दी थी। वह भी जीवन की पगडंडी बदलने को तैयार थी। थक गई थी अपनी बदरंग ज़िंदगी से–बस एक ही काम था, सेवा, सेवा, सेवा...

घर में अचानक उजाला फैल गया था। इसका दुःख किसी को नहीं था कि उन सबका ध्यान रखने वाली बहन अपने से दोगुनी उम्र वाले अंकल जी की आंटी नम्बर दो बनने जा रही थी। अभी से सोचा जाने लगा कि शम्मो के पलंग पर कौन सोएगा।

अम्माँ को भी यह ख़्याल नहीं आया था कि घर का चूल्हा चौका, सिलाई बुनाई, सफ़ाई धुलाई और टूटे हुए ट्रांज़िस्टर से घर में संगीत का वातावरण कौन बनाएगा। शम्मो की साँवली सलोनी रंगत, घने काले बाल, बड़ी–बड़ी सोचती

आँखें–सब कुछ यहाँ इस छोटी चार–दीवारी के घर से उठकर 'अंकल जी' के आँगन में जा बसेगी। 'अंकल जी' को जवानी भी मिलेगी और एक ट्रेंड नौकरानी भी। एक मज़बूत बदन नौकरानी जो सोचती अधिक है और बोलती कम।

शम्मो का किसी को भी ध्यान नहीं आया कि उसके दिल के भीतर क्या कुछ घटित हो रहा है। उसे सबसे अधिक चिंता अपने पुत्र–समान भाई की हो रही थी। चिंता तो उसके जीवन का एक अहम हिस्सा थी। अगर शम्मो इस घर को माँ बन कर न सँभालती, तो अम्माँ तो बस बच्चे पैदा करने की मशीन ही बनी रहती। वो तो ऊपर वाले का भला हो जिसने अब्बा को याद कर लिया।

शम्मो गुड्डू के लिए बेचैन रहती। जब से बाहर निकलना शुरू किया है, पैसे को कमाकर लाने लगा है, ईमान भी पुख़्ता हो गया है। बहनों पर नज़र रखने लगा है–ख़ास तौर पर रानी की चंचलता पर। शम्मो की शादी के भी पक्ष में था, "तो क्या हुआ अगर अंकलजी की दूसरी पत्नी बन रही है। इसकी तो पूरी इजाज़त है हमारे मज़हब में।" शम्मो हैरान! जिस बच्चे को अपने हाथों से खिलाया, नहलाया, धुलाया, समझाया आज वही उसकी क़िस्मत का फ़ैसला करने बैठ गया क्योंकि मज़हबी हो गया था।

गुड्डू ने शम्मो के हाथ में रुपयों की गड्डी देते हुए कहा, "बाजी, यह सारा पैसा सिर्फ़ शादी के कामों में ही ख़र्च होगा...हाँ मैं आज रात ज़रा घर आने में लेट हो जाऊँगा।"

शम्मो ने अपने जीवन में कभी इतने रुपए हाथ में नहीं पकड़े थे। उस नोटों की गड्डी का स्पर्श ही उसको 'अंकल जी' के आँगन में ले उड़ा। दुल्हन बन गई वह। अपनी आखों में आप ही अपने को 'अंकल जी' की बाँहों में समर्पित कर दिया। बार–बार सोचती कि वह रुपए अम्माँ के हाथों में दे दे या सिर्फ़ शादी के कामों के लिए रख ले। सोचते–सोचते आँख लग गई और आज वही झिलंगा पलंग उसके लिए दुल्हन की सेज बन गया।

सारी रात दुल्हन की सेज पर पड़ी शम्मो आज सूरज चढ़ने के बाद जागी तो घर में सभी चलते–फिरते नज़र आए। रानी सवेरे ही अपनी इंस्पेक्शन ड्यूटी निभाने जा चुकी थी। शम्मो सोच रही थी–काश! मैं भी रानी की तरह दूसरे नम्बर पर जन्म लेती तो मेरा जीवन भी ऐसा चंचल, लापरवाह सा होता। रानी कितनी भाग्यवान है उस पर कोई रोक–टोक नहीं; जो चाहे जैसा चाहे वही हो जाता है। रानी है भी तो इतनी प्यारी बहन। और फिर आज उसी के कारण मेरा भी तो घर बसने वाला है। मैं दुल्हन बनूँगी...अंकल जी के आँगन में जा बसूँगी...साफ़–सुथरा घर होगा मेरा...सबको वहीं बुला कर मिल लिया

करूँगी...अंकल जी के पास, उन्हीं के साथ, उन्हीं के चरणों में जीवन बिता दूँगी...बस।

आज शम्मो का घर के काम में दिल नहीं लग रहा। बेदिली से रसोई में काम कर रही है। हर आहट पर चौंक-चौंक जाती है। कभी मुस्कुराती है तो कभी पेशानी पर बल से पड़ जाते हैं। झुँझला कर छलनी हुई ओढ़नी सिर पर खींच कर डाल लेती है। सोचने लगती है...शरमा जाती है...जब रसोई में अंकल जी के लिए नाश्ता बनाएगी तो वह स्वयं आकर रसोई में उसका हाथ बँटाएँगे। हाथ पकड़ कर कमरे में चलने को कहेंगे...सारा काम छोड़ कर उनसे लिपट जाएगी... उसके हाथ में पकड़ी पतीली धड़ाम से गिरती है और जैसे सारे बर्तन इकट्ठा चिल्लाने लगते हैं...शोर मचाने लगते हैं...क्या हुआ?...क्या हुआ?...शम्मो शरमा जाती है...कैसे बताए कि वह उनकी बाँहों में गई और यह हादसा हो गया।

दरवाज़े पर पड़ती थाप सबको चौकन्ना कर देती है। अम्माँ जानती है कौन होगा। अंकल को देखने की चाह में जल्दी से दरवाज़ा खोलती है। कुछ समझ में नहीं आता। पलट कर रसोई की तरफ़ देखती है। शम्मो तो वहीं खड़ी है। फिर अंकल जी के साथ घूँघट काढ़े कौन खड़ी है? अंकल जी बोस्की का कुर्ता और सफ़ेद पाजामा पहने सहन के बीचोबीच आ खड़े होते हैं...पसीने से सराबोर...घबराई आवाज़ में अम्माँ से आशीर्वाद देने को कहते हैं।

हमेशा की तरह माँ कुछ भी सोच नहीं पा रही। शम्मो सब समझ जाती है। एक बार फिर वही अम्माँ की ड्यूटी अंजाम देती है। घूँघट उठा कर रानी के सिर पर हाथ फेरते हुए घुटी आवाज़ में कहती है, "हमेशा ख़ुश रहो।"

ढीठ मुस्कुराहटें...

"अरे भई रानी मेरी एड़ी को गुदगुदा क्यों रही हो...क्या करती हो भई...ये क्या हो रहा है...यह गीला-गीला क्या है...अरे अब तो जलन भी हो रही है...उठो जागो भी, देखो क्या हो गया है!"

रानी ने अँगड़ाई लेते हुए करवट बदली और फिर से मुँह ढँक कर सो गई।

सरजी बोलते रहे, बड़बड़ाते रहे...कराहते भी रहे...रानी ख़िदमत कर-कर के तंग आ चुकी थी। छोटी सी बीमारी को पहाड़ बना दिया करते थे सरजी। मगर आज शायद सचमुच तकलीफ़ में थे। एक बार फिर ज़ोर से आवाज़ लगाई "रानी सुन नहीं रही हो?...मैं तड़प रहा हूँ,...दर्द और जलन से जान निकल रही है।"

रानी एक झटके से उठी और एड़ी से चादर उठाई तो देखा खून रिस रहा था और एकाएक वहाँ से एक चूहा कूद कर भागा। रानी चीख पड़ी...घिग्घी बँध गई उसकी। "सरजी चूहा...चूहा...सरजी...वो भागा चूहा...वो...भा...गा...लगता है उसी ने काटी है आपकी एड़ी..."

यह सुनते ही सरजी ठंडे पड़ गए...बदहवासी में कुछ भी अनाप-शनाप बकने लगे..."रानी डॉक्टर को बुलाओ...नौकरों को आवाज़ दो...और हाँ हर तरफ झपट लगवा दो-एक चूहा भी नज़र न आए हमारे घर के आस पास...ज़रा मेरी एड़ी को भी तो देखो...कुछ करो जल्दी से...चूहे का काटा तो खतरनाक होता है...ज़हर फैल जाता है!"

डॉक्टर के इंजेक्शन के बाद जब तूफ़ान थोड़ा थमा, तब कहीं जाकर रानी को कुछ सोचने का अवसर मिला। उसने अपने पति की ओर देखा...दोबारा गहरी नींद सो गए थे...वे विवाह के पहले दिन से ही उसके लिए 'सरजी' बन गए थे जो कि वक़्त के साथ चलते-चलते 'सरजी' में परिवर्तित हो गया था। रानी को बहुत शौक़ था कि उसका पति उसका मित्र बन जाए, किंतु दोनों की आयु में दस वर्ष का अंतर आड़े आ गया।

अचानक रानी के चेहरे पर एक हल्की सी मुस्कान उभर आई। उसके ज़हन

में खुरच-खुरच कर यादें अपनी मौजूदगी का अहसास दिलाने लगीं। उसकी बददुआ पर सरजी कैसी खलनायकी हँसी हँसे थे। रानी के दिल-ओ-दिमाग़ पर यह बात कहीं बैठ गई थी कि चूहे का सरजी के जीवन में अवश्य ही कोई ना कोई विशेष स्थान बनेगा। सलोनी उसके दिमाग़ को मथने लगी थी...

उस दिन घर में उसे कुछ ऐसी आवाज़ें सुनाई दी थीं...

''साली!...हरामख़ोर!...''

''मैं तो कहता हूँ...क्या कहा...?...आवाज़ नहीं आ रही?...ठहरो मैं ज़रा खिड़की के पास जाता हूँ...ये साले मोबाइल भी मनमानी करते हैं...हाँ...अब बोलो...आवाज़ साफ़ हो गई है... वोह मोटी भैंस हो गई है...बकती है...धंधा ख़ूब चल रहा है...मुहल्ले भर के लोग उसी की परचून की दुकान से सौदा-सुलुफ़ ख़रीदते हैं...नहीं यार ऐसा नहीं...उसका बेटा उल्लू का पट्ठा है...काहिल-ए-आज़म...माँ को इस्तेमाल कर रहा है...। नहीं भाई कितनी बार बताया कि कर्ज़ा लेने दोनों साथ आए थे...वो मक्कार तक़रीबन पाँव पकड़ने ही वाली थी...वो तो मैंने ही पाँव हटा लिए...मेरे तो जूते ही गंदे हो जाते...अरे तुम फ़ोन पर हो या फिर कट गया?...ये साले फ़ोन भी...''

''सर यह बताइए कि अब करना क्या है?''

''करना क्या है...पकड़ो साली को। अरे भाई अढ़ाई लाख का मामला है...नहीं देती तो पुलिस को डालो बीच में। पुलिस अढ़ाई के पाँच निकलवा लेगी। तब होश आएँगे ठिकाने...हरामज़ादी के। नहीं-नहीं वहाँ की पुलिस नहीं...यहाँ का इंस्पेक्टर मेरा जानने वाला है...हाँ, मैं उस से बात करता हूँ। बड़ा ज़ालिम और रिश्वतखोर है...तुम फ़ोन बंद करो...''

''इंस्पेक्टर साहब, यार तुमको इससे क्या मतलब कि कितना बड़ा बैंक है? तुम अपना हिस्सा उसी से हासिल कर लेना। हाँ! मेरी तरफ़ से खुली छूट है।''

''फिर तो मैं सर, अगले हफ़्ते ही आपके पैसे निकलवा लूँगा।''

''अब मियाँ, इतनी भी डींग ना मारो! हमने पूरी कोशिश करके देख ली है। तुमको कोई सख़्त क़दम उठाना होगा। आसानी से मानने वाली नहीं है।''

''...अरे क्या बात करते हो। चूड़ियाँ पहन रखी हैं क्या तुमने?''

''नहीं सर, हम तो सीधे उसके घर पहुँच गए थे। बाहर निकाला उसे... डराया, धमकाया। मगर वो तो पैर ही पकड़ने लगी। कहती है कि कर्ज़ा ये कह कर लिया था कि साल भर बाद उतारना शुरू करेंगे। अभी तो छः हफ़्ते ही ऊपर हुए हैं और बड़े साहब पीछे पड़ गए हैं। मैनेजर को रोज़-रोज़ भेज देते हैं। ऐसा लगता है जैसे उसके पास और कोई काम ही नहीं। रोज़ मेरे घर आकर बैठ जाता है। मैं तो उसके आने से ही डर जाती हूँ। उसकी नज़र अच्छी नहीं है इंस्पेक्टर साहब।''

"ओए सुन ज़नानी। मेरी तरफ़ देख...मेरी नज़र कैसी है? मैं तो तुझे ऐसा पेलूँगा कि तू ज़िंदगी भर देखती ही रह जाएगी।"

इंस्पेक्टर ने वापिस आकर साहिबजी को पूरी रिपोर्ट दी अपनी पहली मुलाक़ात की। जनरल मैनेजर साहब को प्रभावित करने के लिए एक एक डायलॉग को कई-कई बार दोहराया।

इंस्पेक्टर साहब पहली ही मुलाक़ात में आने वाले कल का प्रोग्राम बना बैठे थे। सलोनी की टख़ने तक चढ़ी गुलाबी शलवार में से मोटी-मोटी गोल पिंडलियाँ झाँक रहीं थीं-वो भी गुलाबी गुलाबी। पैर मोटे-मोटे गद्‌देदार डबल रोटी जैसे; मगर खुरदरे-खुरदरे। मोटे-मोटे नाख़ून; गहरी लाल नेल पॉलिश-शायद साल भर पहले लगाई थी। अब दीवार के चूने कि तरह जगह-जगह से उखड़ी हुई थी। लगता था कि इन पैरों को जीवन में कभी भी झाँवें से नहीं रगड़ा गया हो। टेढ़े-मेढ़े नोकीले मैल भरे मोटे-मोटे नाख़ून।

इंस्पेक्टर ने बहुत बारीक़ी से 'सरजी' का काम किया था। उसको ख़ूब अच्छी तरह से निहार लिया था। इंस्पेक्टर जब चलने लगा तो सलोनी ने हाथ जोड़कर गिड़गिड़ाते हुए कहा, "इंस्पेक्टर जी दया करो। हम ग़रीब लोग हैं। ग़रीबी से तंग आकर कर्ज़ा लेना पड़ गया। मैनेजर साहब ने तो ख़ुद ही कहा था कि बैंक से पैसे लेकर कोई धंधा शुरू कर लो। बड़े साहब से भी उन्होंने ही मिलाया था। अब सब भूल गए कि मैंने धंधा चल जाने पर पैसा वापिस करने का वादा किया था।"

"अरी, धंधे की औलाद, अगर वो धंधा नहीं चलता तो कोई और धंधा कर ले!"

"साबजी, थक गई हूँ।"

"अभी से थक गई है...? अभी तो तुमने मुझे देखा ही नहीं।"

"देख तो रही हूँ, इंस्पेक्टर साब; बिनती भी कर रही हूँ। और क्या करूँ?"

"बेटा कहाँ है तेरा?"

"अंदर घर में बैठा है। बुरी तरह से डरा हुआ है।"

"घर में क्यों बैठा है? काम पर क्यों नहीं जाता?"

"माँ, यह इंस्पेक्टर जी क्यों आए हुए हैं?..." इतने में बेटे ने बाहर से आते हुए पूछा।

"अरे यह तो बाहर से आ रहा है। तू तो कह रही थी कि घर के भीतर बैठा है।"

"साबजी ज़माना ही ऐसा है। बेटों को घर में ना बैठाएँ तो हमको तो गिद्ध नोच डालें।"

"तो तू झूठ बोल रही थी...! मुझसे झूठ? जानती नहीं है, पुलिस का इंस्पेक्टर हूँ...कमरे में बंद करके सब उगलवा लूँगा...समझी के ना...!"

"सरजी, आप समझे नहीं...अपनी इज़्ज़त बचाने के लिए बेटे का झूठ बोलना पड़ता है।"

"तू क्या समझती है बेटे से मैं डर जाऊँगा? उस पर कोई भी इल्ज़ाम लगा कर चार दिन के लिए हवालात की हवा खाने भेज दूँगा? अच्छा अब बता सरजी के साढ़े तीन लाख कब दे रही है?"

"इंस्पेक्टर जी, साढ़े तीन नहीं अढ़ाई लाख..."

"तो फिर मेरा हिस्सा कहाँ गया?...कम से कम एक लाख तो मेरा भी बनता है ना। चल अब जल्दी जल्दी बता कि कब उतार रही है कर्ज़ा...या फिर उतारूँ तेरी गुलाबी शलवार?"

"हाय हाय, इंस्पेक्टर जी, कैसी बातें करते हो? भला शलवार उतारने से क्या पैसे मिल जाएँगे?"

"बहुत ज़बान चलाती है। ज़बान काट कर गुलाबी शलवार में डाल दूँगा।"

"इंस्पेक्टर जी मेरी गुलाबी शलवार के पीछे क्यों पड़ गए हो? मैं कह तो रही हूँ थोड़ा टैम दे दो। मैं एक-एक पैसा उतार दूँगी।"

"चल मैं अब चलता हूँ...दो दिन का और टैम दिया...बेटे को काम पर भेजना ना भूलना..."

"सरजी बड़ी दबंग ज़नानी है। बराबर से ज़बान चलाती है। मैंने बहुत कोशिश की रुपयों की बात करने की पर घुमा-फिरा कर चक्कर देने की कोशिश करती रही।"

"इंस्पेक्टर अगर तुमको चक्कर देने की कोशिश करती है तो इसका मतलब हुआ मैनेजर सच ही बोल रहा था कि काम की बात पर आने ही नहीं देती।"

"सरजी वो मोटी भैंस अपना नाम सलोनी बताती है।"

"अरे भाई कभी जवानी में रही होगी सलोनी...वैसे अब क्या उम्र होगी उसकी?"

"यही कोई तीस-पैंतीस सरजी..."

"ये कैसे हो सकता है...बीस का तो बेटा ही है उसका।"

"चलिए चालीस समझ लीजिए सरजी...मगर क्या गदराई हुई है सरजी!"

"तुम्हारा दिमाग़ चकरा गया लगता है इंस्पेक्टर जो मुझसे ऐसी बातें कर रहे हो। कभी किसी की हिम्मत नहीं हुई मुझ से इस तरह बात करने की।"

"सरजी आप ही तो उसकी उम्र पूछ रहे थे। मैंने तो बस थोड़ी डिटेल में

बता दी।''

''काम की बात करो इंस्पेक्टर–पैसों का क्या हुआ।''

''सरजी समय माँग रही है, यानी कि वक्त माँग रही है। मैंने दो दिन का कह दिया है।''

''क्या पूरे पैसे उतार देगी?...तुमने माँगे कितने हैं?''

''वही जो आपने कहे थे।''

''अपना हिस्सा मुझसे मत माँगना। बैंक ऐसे–वैसे काम नहीं करता।''

''सरजी बैंक तो आप ख़ुद ही हो। यहाँ कौन बैठा है जो आपसे पूछ–गछ कर सके।''

''ध्यान से बोला करो इन्सेपक्टर...जो मुँह में आता है बोल देते हो। तुम जैसे लोगों के मुँह पर भी तो प्लास्टर लगाना होता है ना...वो काम हमारा बैंक नहीं करता। हमें आप ही फ़ैसला करना होता है कि किसको क्या देना है...भई काम तो निकालना होता है ना।''

''सरजी मेरा हिस्सा तो आप ही को देना होगा। उस कमीनी से तो आप ही के पैसे निकलवाने मुश्किल लग रहे हैं।''

''अरे भाई तुमने माँगे तो होते।''

''सरजी, रोने पीटने लगी। मेरे भी पाँव पकड़ने लगी। मैंने तो एक ठुड्डा भी मारा। गिर पड़ी। मोटी–मोटी पिंडलियाँ केले के तने की तरह, चिकनी–चिकनी गोल–गोल, गुलाबी शलवार के बाहर झाँकने लगीं।''

''इंस्पेक्टर, तुम मज़े लूटकर आए हो।''

''नहीं नहीं, सरजी भगवान कसम, नहीं।''

''अरे भाभी जी, आप!। नमस्ते।'' रानी को बैठक की ओर आते हुए देख कर इंस्पेक्टर खड़ा हो गया। ''अच्छा सरजी मैं चला; रिपोर्ट देता रहूँगा।''

रानी ने चेहरे पर मुस्कुराहट लाए बिना नमस्ते का एक सपाट सा जवाब दिया और सरजी के हाथ में घर का फ़ोन थमाते हुए कहा, ''लीजिए, आपके मैनेजर का फ़ोन है।''

पति देव ने फ़ोन हाथ में लेते हुए अपना आदेश भी सुना दिया, ''रानी, नाश्ता लगवा दो आज बैंक जल्दी जाना है।''

''आपको तो रोज़ ही जल्दी जाना होता है और देर से वापिस आना होता है...वैसे यह इंस्पेक्टर रोज़–रोज़ क्यों आकर हमारे घर में बैठ जाता है। पुलिस वालों का इस तरह हमारे घर आना अच्छा नहीं लगता। आप इसे बैंक में ही बुलाकर मिल लिया कीजिए। मेरे घर को पवित्र ही रहने दीजिए।''

"तुम कहना क्या चाहती हो, कि बैंक अपवित्र होता है?"

"होता नहीं, बना दिया जाता है। जैसे अधिकारी होते हैं वैसा ही वातावरण बनता है...आप शायद भूल गए कि मैनेजर अभी भी फ़ोन लाइन पर मौजूद है।"

"तुम बाहर जाओ तो बात करूँ।" रानी ने पति की ओर शक़-भरी नज़रों से देखा और कमरे से बाहर निकल गई।"

खाने के कमरे में मेज़ पर चीज़ें रखने की आवाज़ें आने लगीं। कबाब और गरम गरम ऑमलेट की ख़ुशबू फैल गई।" सरजी, आ जाइए नहीं तो पराँठे ठंडे हो जाएँगे।"

सरजी अपने मैनेजर से बात ख़तम करने के बाद ही आए और आते ही बोले, "अरे भई, सूजी का हलवा कहाँ है?"

"आज पराँठे बनवाए थे, इसलिए सूजी का हलवा नहीं बनवाया। मीठी सिवइयाँ बनी हैं।"

"चलो ठीक है। आज इस समय तो चल जाएगा मगर रात के खाने पर बनवा लेना। हाँ भुने क़ीमे के साथ-साथ बकरी के गोश्त का स्टू भी बनवाना। पूरी के साथ अच्छा लगेगा।"

रानी सुनती रही। हाँ-हाँ करती रही और सोचती रही कि हार्ट अटैक के बाद से डॉक्टर ने सादा खाना खाने की हिदायत की थी; वज़न कम करने को कहा था; सिगरेट बिलकुल बंद करने को कहा था; वर्ज़िश और सैर करने की ताकीद की थी। मगर सरजी को तो अपनी मनमानी करनी होती है। किंतु रानी हिम्मत नहीं जुटा पाई कि पति को याद दिला सके।

सरजी को तो यह भी पसंद नहीं था कि उन्हें कोई नाम ले कर पुकारे। पहली बार ही रानी के ऐसा करने पर उन्होंने पत्नी को झिड़क दिया था। फिर रानी तो उम्र में भी अपने पति से दस बारह साल छोटी थी। कई बार तो लोगबाग़ उसे सरजी की बेटी ही समझ लेते थे।

सरजी को इस बात का भी ख़ासा ग़ुरूर था कि उनकी पत्नी उनसे इतनी छोटी है। यार-दोस्तों से मूँछों पर ताव देकर कहते, "मियाँ इतनी छोटी लड़की से शादी करने के लिए बड़ी हिम्मत चाहिए। बेचारी छोटी लड़कियाँ, शादी के बाद बूढ़े पति में अपनढ़ जीवन-साथी, अपना दोस्त ढूँढ़ते-ढूँढ़ते अपना पूरा जीवन होम कर देती हैं। उसका अपना अस्तित्व तो कुचला जाता है; किंतु उसका जीवन अपने बूढ़े पति को कभी बाप की तरह तो कभी मालिक की तरह देखभाल में गुज़र जाता है। रानी घर की रानी तो बन गई, किंतु कभी भी सरजी के सपनों की रानी नहीं बन पाई।

सरजी तो शायद सपने देखते ही नहीं थे। खड़ा खेल खेलते थे। रात को

शराब के नशे में डूबे हुए जब आते तो रानी को अवश्य आवाज़ लगाते–जूता उतारने के लिए। बस फिर लुड़क जाते बिस्तर पर। सारा घर जैसे शेर की गरज से गूँजने लगता। उन धुआँधार ख़र्राटों में रानी को नींद ना जाने कैसे आती होगी।

ख़र्राटों से भी कहीं अधिक रानी शराब की बदबू से परेशान रहती। आवाज़ का इलाज तो हो सकता है–कान में रुई ठूँस कर। मगर नाक में रुई ठूँसने से तो दम घुटने का अंदेशा रहता है। हालाँकि रानी का दम तो वैसे ही घुटता रहता था सरजी के सामने।

सुबह सवेरे दरवाज़े पर घंटी बजी। रानी दौड़ी दरवाज़े की ओर ताकि घंटी के शोर से सरजी की नींद में ख़लल ना पड़े। मगर उसके दरवाज़े तक पहुँचते-पहुँचते सरजी की दहाड़ सुनाई दे गई, ''रानी, मैनेजर होगा। उसको बैठक में बिठा दो और चाय भिजवा दो हम दोनों के लिए।''

''सरजी, बड़ा ग़ज़ब हो गया। इंस्पेक्टर तो दिन-रात सलोनी के घर के चक्कर लगाता रहता है। ना मालूम क्या घुट रहा है दोनों में।''

''तुमको कैसे मालूम है कि इंस्पेक्टर रोज़-रोज़ चक्कर लगा रहा है?''

मैनेजर हड़बड़ा गया, सँभलते हुए बोला, ''आते-जाते लोग तो देखते हैं ना सरजी। वही बात को हर तरफ़ फैलाते हैं।''

''यार मैंने तो सुना है कि तुम पैसा लाने के बजाय उल्टे उसे पैसे दे आए हो–उस मोटी भैंस को।''

''सरजी ऐसी कोई ख़ास मोटी भी नहीं है...गद्दर अनार है!''

''तुम तो उसके प्रेम के जाल में फँसे हुए लगते हो।''

''परेम वरेम क्या सरजी, दो चार बार दिल बहला लेने को प्रेम थोड़े ही कहते हैं। प्रेम तो मैं अपनी पत्नी से ही करता हूँ।''

''तभी पराई औरतों की चौखटें चाटते फिरते हो।''

''नहीं सरजी, ऐसा नहीं है। सलोनी जैसी मिले तो...''

''सुनो...उठो...और बाहर निकलो यहाँ से। यह शरीफ़ों का घर है। यहाँ ये गुंडागर्दी की बातें नहीं होनी चाहिए।'' सरजी ने देख लिया था कि रानी क़रीब ही खड़ी गुलदान में फूल लगा रही थी। फट से बातों का रुख़ ही बदल दिया सरजी ने। बड़े उस्ताद हैं सरजी। मैनेजर और इंस्पेक्टर तो उनके सामने कुछ भी नहीं।

मैनेजर के बाहर जाते ही सरजी ने आवाज़ दी, ''रानी ज़रा घरवाला फ़ोन देना तो।''

''घरवाले फ़ोन से तो आपको गंदे लोगों को फ़ोन भी नहीं करना चाहिए। फ़ोन भी अपवित्र हो जाता है।''

"अरे भई अगर तुम इतनी बड़ी संन्यासिन हो गई हो तो पहन लो भगवा चोला, चिमटा बजाती हुई चली जाओ हरिद्वार।"

रानी चुप रही। वो समझदार है; पति से बहस में नहीं पड़ना चाहती। वह अपनी बात कहने से चूकती भी नहीं मगर लड़ाई भी नहीं करती। इसीलिए मन ही मन सरजी दिखाने को तो शेर बने रहते हैं मगर असल में रानी से रोब खाते हैं।

जैसे ही रानी कमरे से बाहर निकली, सरजी ने मोबाइल से इंस्पेक्टर को फ़ोन मिलाया। सिगनल कमज़ोर थे...भाँय भाँय की आवाज़ होकर कॉल बंद हो गई। "ये...मोबाइल भी मनमानी करते हैं।" सरजी ने खींचकर मोबाइल दीवार पर दे मारा। सामने दीवार पर रानी और सरजी की बड़ी सी फ़ोटो लगी हुई थी। मोबाइल फ़ोन सीधा जाकर फ़ोटो में सरजी के मुँह से टकराया। शीशा मकड़ी के जाले की तरह चकनाचूर तो हुआ मगर वहीं चिपका रहा; नीचे नहीं गिरा। साथ में रानी की तस्वीर वैसे ही मुस्कुराती रही जैसे कह रही हो–'सरजी, अभी तो फ़ोटो पर अटैक हुआ है, आइन्दा क्या पता...!'

रानी सब समझती थी कि मैनेजर, इंस्पेक्टर और उसका अपना पति मिलकर कैसी-कैसी बातें करते हैं। पति का संस्कार नाम की चिड़िया से कुछ भी लेना-देना नहीं था। जंगली पौधों की तरह उसका जन्म हुआ था और वैसे ही जैसे-तैसे बड़ा हो गया था। तिकड़मी था, इसलिए बी.ए. पास करते ही बैंक में किसी भी तरह नौकरी पा ली। अपने अफ़सरों को ख़ुश रखना आता था; इसलिए तरक्की हो जाती। अब ऐसे शहर में तबादला हो गया था जहाँ के लोग पैसे वाले थे। उनका ईमान भी पैसा ही था। पुलिस वालों के तो यहाँ मज़े थे।

मज़े तो सरजी के भी थे। बैंक से एडवांस देते और अपनी चुटकी अपने अकाउंट में जमा करा देते। करोड़ों के मालिक बन गए थे, बैंक को चूस रहे थे पर सलोनी के ढाई लाख रुपए वसूलने के लिए जान लगाए दे रहे थे। कभी मैनेजर को और कभी इंस्पेक्टर को बार-बार उसके घर भेजते और मज़े ले-लेकर उसकी पिंडलियों, उसके बदन के रंग, उसके उलझे हुए बालों के बारे में पूछते। गुलाबी शलवार के ज़िक्र से झुरझुरा जाते...

ये पूरी कोशिश करते कि ये दोनों वहाँ ज़्यादा देर तक रुकने न पाएँ। टाइम का पूरा हिसाब माँगते...और ये भी कहते जब बेटा घर में हो तभी जाया करो...मगर पकड़ो उसे गर्दन से...हराम का पैसा नहीं है। बैंक को क्या हिसाब दिया जाएगा...

"देखो भई इंस्पेक्टर अगर ये केस तुमसे नहीं सँभल रहा तो जवाब दे दो मैं किसी और को लगाऊँ..."

इंस्पेक्टर आया हुआ माल कैसे जाने देता। जल्दी से बोला, "सरजी आपका कहा मानता हूँ। ले जाता हूँ और भी सिपाही उसके घर और वही काम करता हूँ जो चूहे वाला आपका आइडिया है..."

अरे इंस्पेक्टर उस समय तो मैं भी वहाँ होना चाहूँगा...तमाशा देखूँगा। जब उसके शरीर का एक-एक अंग अलग-अलग काँपेगा...कुरते से जवानी बाहर निकल पड़ेगी।"

"जी सरजी तो रख लेते हैं ये प्रोग्राम आज से दो दिन के बाद। सब अफ़सरों की छुट्टी होगी...कोई सुनने वाला भी नहीं होगा।"

उन दो दिनों के बीच इंस्पेक्टर दो बार उसके घर हो आया बेटे को बाहर भेजकर...यही लालच देता कि तेरे पैसे माफ़ करवा दूँगा सरजी से कहकर।

और आज दो दिन बाद सरजी को भी साथ देखकर खुश हो गई सलोनी की सरजी पैसे माफ़ करने आए हैं...

मगर साथ में तो दो लेडी कॉन्स्टेबल भी थीं। उन लोगों ने पहुँचते ही एक गन्दी सी गाली देकर कहा कि सरजी के पैसे खाकर बैठी है देख कैसी जवानी फूट रही है। अभी निकलवाते हैं तुझसे पैसे...

सलोनी भयभीत हो गई। हाथ-पैर जोड़ने लगी कि थोडा और टेम दे दिया जाए। एक लाख उसने जोड़ लिए हैं। बेटा गया हुआ है कहीं से उधार माँगने। सरजी तो खुश हो गए चलो अच्छा हुआ बेटा नहीं है यहाँ...सरजी उसको उसकी काली कोठरी में ले गए...

"सरजी यह आप क्या कर रहे हैं...दया करो सरजी...मैं तो इंस्पेक्टर और मैनेजर को आपके नाम से डराया करती थी। वो दोनों हरामी ठठ्ठा मार मार कर हँसा करते थे। एक दूजे को आँख भी मारा करते थे...। नहीं नहीं सरजी आप तो मेरे बाप जैसे हैं...कैसी गुलाबी शलवार?...सरजी यह तो लाल थी...रंग उड़ गया है..."

"रंग तो अब तेरा उड़ेगा, ऐसे थोड़े ही छोड़ दूँगा।"

"नहीं, नहीं...नहीं...सरजी...सरजी..."

सलोनी की हाय-हाय का शोर बाहर लाइन में लगे सब सुनते रहे...ढीठ मुस्कुराहटें उनके चेहरों पर दिखाई दे रही थीं...अपनी अपनी बारी की राह देख रहे थे...

सरजी सीना फुलाकर निकले ही थे कि दोनों भैंस जैसी मोटी पुलिस वालियाँ लाइन तोड़कर अंदर घुस गईं और अपनी ड्यूटी बजाने लगीं। उसकी गुलाबी शलवार को खींचकर दोनों पायँचे नीचे से बाँध दिए और ऊपर से नेफ़े के पास से हाथ अंदर डालकर चूहा अंदर छोड़ दिया और शलवार ऊपर से

कसकर बाँध दी। सलोनी को उस वक़्त तक कुछ समझ में नहीं आया जब तक चूहे ने उसकी शलवार में हर ओर दौड़ना नहीं शुरू किया। वहाँ सलोनी की चीख-पुकार सुनने वाला कोई नहीं था सब एक आवाज़ यही कह रहे थे 'अब निकाल पैसे कहाँ छुपाकर रखे हैं'...वो तड़प रही थी और सब हँस रहे थे...उसकी आवाज़ आकाश से टकराती धरती पर फैल कर गुम हो जाती-हाथ उसके बँधे हुए थे...औरतों को औरत होने का वास्ता देती पर वहाँ तो सब दरिंदे थे...तमाशा देखने आए थे पैसा निकलवाने के नाम पर...

सरजी घबराकर उठकर बैठने लगे इधर-उधर टटोलने लगे कि कहीं चूहा उनके पायजामे के अंदर तो नहीं घुस गया...सर्दी लग कर बुख़ार चढ़ना शुरू हो गया था। एड़ी दर्द और जलन से फटी जा रही थी और सूज भी गई थी...'डाक्टर बुलाओ, डाक्टर बुलाओ!' पागलों की तरह चीख़ रहे थे सरजी...अरे रानी मेरे पायँचे का ख़्याल रखना कोई नीचे से बाँध ना दे...।

मारिया

सभी एक दूसरे से आँखें चुरा रहे थे।

अजब-सा माहौल था। हर इनसान पत्र-पत्रिकाओं को इतना ऊँचा उठाए पढ़ रहा था कि एक दूसरे का चेहरा तक दिखाई नहीं दे रहा था। सिर्फ़ कपड़ों से अंदाज़ा होता था कि कौन एशियन है और कौन ब्रिटिश, वर्ना चेहरे तो सभी के ढँके हुए थे। और जो मुजरिम थे वो शांत और बेफ़िक्र बैठे थे, जैसे उन्होंने कोई जुर्म किया ही न हो। मुजरिम पैदा करने वाली तो बस माँएँ थीं।

कुछ सिरफिरे तो यहाँ तक कह देते थे कि भगवान का भी तो यह जुर्म ही है जिसने इस सृष्टि की रचना की। क्या मिला उसे? क्या हासिल हुआ? हर पल हर लम्हा अपने विद्रोही बंदों के हाथों ज़लील ही तो होता रहता है! हर घड़ी उसे चुनौती दी जाती है, ललकारा जाता है। कितने लोग सच्चे दिल और बिना किसी स्वार्थ के उसे याद करते हैं? सिर्फ़ शिकायतें, फ़रियादें और मुसीबत ही में उसे याद किया जाता है।

बिलकुल उसी तरह मारिया की माँ मार्था भी अपनी बेटी के समय से पहले माँ बनने की घड़ी से शर्मिंदा-शर्मिंदा, भारी-भारी कदमों से, क्लिनिक से बाहर निकल रही थी। जाते-जाते अपनी ही तरह की दो-तीन माँओं से उसकी मुठभेड़ हो गई। सबने नज़रें झुका लीं। ऐसा महसूस हो रहा था जैसे सभी कब्रिस्तान में मुर्दे दफ़न करने जा रहे हों। सबके चेहरे उदास-उदास, बेरौनक़, मुरझाए-मुरझाए से लग रहे थे। जैसे सब कुछ लुट गया हो-कुछ न बचा हो।

मार्था भी जिधर को कदम उठे चल दी। कुछ अंदाज़ा ही नहीं था कि किधर जा रही है। पतली-सी एक पगडंडी थी जिसके दोनों ओर शाह-बलूत के पेड़ अपने हरे-हरे पत्तों से मुक्ति पा चुके थे। काली-काली शाख़ें लिये नंग धड़ंग, लजाए-लजाए, शर्मिंदा-शर्मिंदा से खड़े थे। पीले और आग के रंग में रँगे हुए पत्ते मार्था के कदमों के नीचे दब-दब कर ऐसे कराह रहे थे जैसे किसी बच्चे का गला घोंटा जा रहा हो। जो हाथ बढ़ा-बढ़ा कर सहायता माँग रहा हो, गिड़गिड़ा कर प्रार्थना कर रहा हो कि मुझे बचाओ, मुझे बचाओ। मेरा क्या कुसूर

है? मैंने क्या अपराध किया है? मुझे किस बात की सज़ा दी जा रही है?

मार्था घबरा कर तेज़-तेज़ और लंबे-लंबे कदम उठाने लगी, किंतु आवाज़ भी वैसी ही तेज़ होती चली गई। मार्था का गला रुँध गया। कदम रुक गए और वह पास ही पड़ी एक बेंच पर बैठ गई। आँखें डबडबा आईं और फिर सबकुछ धुँधला-धुँधला नज़र आने लगा। आँखों से मोटे-मोटे और गरम-गरम आँसू गालों पर बहने लगे। जैसे उसके आँसुओं में सारा संसार डूब गया हो, ग़र्क हो गया हो। आँखें बंद थीं पर सब कुछ देख रही थीं। दरख़्तों की ओट से क्लिनिक की इमारत दिखाई दे रही थी। किंतु मार्था बार-बार इस भवन से आँखें चुरा रही थी कि कहीं कोई यह न समझ जाए कि मारिया को उसने वहाँ छोड़ा हुआ है। फिर हर व्यक्ति के दिमाग़ में हज़ारों प्रश्न उठेंगे। होंठों तक आएँगे और उनका इज़हार किया जाएगा।

मार्था किस-किस को जवाब देगी? कितने झूठ बोलेगी? एक झूठ से दसियों सवाल और पैदा होते हैं। अगर एक बार हिम्मत करके सच बोल दिया जाए, तो सिर्फ़ एक ही जवाब तमाम सवालों का जवाब हो जाता है। किंतु सच बोला कैसे जाए? बेहद कड़वा सच! चुभने वाला सच कैसे होंठों तक लाया जाए? कैसे अदा किया जाए? बेचारी मार्था इसी उधेड़बुन में बैठी रोती रही, सिसकती रही। पतझड़ की मार खाए पत्तों को कुचलते हुए राहगीर आते रहे जाते रहे। मार्था बैठी, पत्तों की चीख़ पुकार सुनती रही। घड़ी देखी, अभी बहुत समय बाक़ी था। क्या करे? किधर जाए?

प्रकृति का तमाशा भी ख़ूब है। सृजन में समय लगता है जबकि विनाश कुछ ही पलों में हो जाता है। दम घुटा जा रहा था! खुले आसमान के नीचे भी साँस लेना दूभर हो रहा था। मार्था का जी घबराने लगा और बेइख़्तियार जी चाहने लगा कि दौड़ कर किसी अँधेरे कमरे में जाकर, किसी की बाँहों में मुँह छुपाकर अपने सारे दुख उसकी सफ़ेद टी-शर्ट की आस्तीन में ख़ुश्क कर दे। वह अपना दायाँ हाथ मार्था के बालों में फेरता रहे, पेशानी पर प्यार करता रहे और कहता रहे, ''सब ठीक हो जाएगा, सब ठीक हो जाएगा।''

मार्था की अनिश्चित गहरी गहरी साँसें और आहें सुन-सुन कर सीने से लगा ले और हल्की-हल्की डाँट के अंदाज़ में अपनी नर्म और कानों में शहद घोलती आवाज़ में कहे, ''तुम तो पागल हो।'' किस कदर इंतज़ार रहता था उसके मुँह से पागल शब्द सुनने का। जब वह पागल कहता तो मार्था भी कहती, ''तुम दीवाने हो!'' वह और ज़ोर से गले लगा लेता और प्यार करता।

मार्था साँस रोके उसकी आग़ोश में बच्चों की तरह लेटी रहती। सुरक्षा का अहसास किस कदर यक़ीन पैदा करता है! प्यार में कितनी परिपक्वता पैदा हो

जाती है! चाहत किन हदों को छूने लगती है! यह केवल दो सच्ची मुहब्बत और एक दूसरे से ख़ुलूस बरतने वाले और एक दूसरे पर यक़ीन रखने वाले ही समझ सकते हैं। कभी मार्था का सिर उसके कंधों पर होता और कभी उसका सिर मार्था के पहलू में। ऐसा महसूस होता जैसे उसका अपना बच्चा गोदी में छुपा हुआ हो। भाई हो, बाप हो, पति हो या प्रेमी–नारी तो एक माँ होती है। वह समय असमय ममता न्यौछावर करने को मजबूर होती है। बिलकुल इसी तरह कभी-कभी सारी रात उसका घने और चमकदार बालों वाला ख़ूबसूरत सिर अपने पहलू में छुपाए पड़ी रहती। बालों में उँगलियाँ फेरती, पेशानी चूमती और ठोड़ी और गर्दन को महसूस करती।

कभी-कभी वह सोते में आवाज़ देता। मार्था जवाब में प्यार करके अपने अस्तित्व का अहसास दिलवा कर बिलकुल बच्चों की तरह उसके सिर को और ज़ोर से भींच कर सुला देती। वह फिर एक मासूम बच्चे की तरह इत्मीनान कर लेता कि मार्था गई नहीं है, और फिर गहरी नींद सो जाता। अचानक अलार्म की घंटी से दोनों जाग जाते और एक दूसरे से लिपट जाते कि यह जुदाई की घड़ी कैसे बरदाश्त करेंगे। थोड़ी देर में कार रवाना हो रही होती और वह खिड़की में से झाँक कर हाथ हिला रहा होता–एक क़ैदी की तरह। चाहते हुए भी वह उसको विदा नहीं कर पाता था। अँधेरे में मार्था को जाते देखता तो घबरा जाता और मिन्नत करता कि थोड़ी और रोशनी हो जाने दो फिर चली जाना। वह जिस रोशनी की बात करता वह तो केवल उसके व्यक्तित्व से थी। जहाँ वह होता, रोशनी ही रोशनी होती। उससे दूरी ही अँधेरा पैदा करती। चाहे सूरज कितनी भी तेज़ रोशनी क्यों न फैला रहा हो। यदि वह नहीं तो कुछ नहीं। और गाड़ी सड़क पर फिसलती चली जाती।

मार्था शीशा उतार कर हाथ हिलाती। हाथों से इशारा करके चुंबनों की बौछार करती। जब तक वह नज़रों से ओझल न हो जाती वह हाथ हिलाता रहता और दूसरे ही लम्हे टेलीफ़ोन की घंटी बजती। सोई-सोई-सी आवाज़ कानों में रस घोल रही होती। "अब कहाँ तक पहुँच गईं?। कैसी हो?...ठीक हो?। डर तो नहीं रहीं?..."

मार्था अपनी आवाज़ में विश्वास पैदा करते हुए कहती, "नहीं, डर किस बात का? तुम जो साथ हो!"

जब तक घर न पहुँच जाती वह फ़ोन पर हिम्मत बढ़ाता रहता। गाना सुनाता रहता और बार-बार मालूम करता कि अब वह कहाँ तक पहुँच गई?"

मार्था बताती कि वह घर के अंदर जा रही है। वह फ़ौरन उदास हो जाता और कहता, "तुम बहुत याद आ रही हो। और ज़िद करता कि छोड़ कर मत जाया

करो, बस अब हमेशा के लिए आ जाओ।''

मार्था उसे दिलासे देती, बहलाती, प्यार से चुमकारती और घर में दाख़िल होकर तुरंत सो जाने की हिदायत देती। रुँधी-रुँधी आवाज़ में शुभरात्रि कहती और फ़ोन बंद कर देती।

जब भी दोनों मिलते एक-एक लम्हा जी भर कर प्यार करते। मार्था तो उस पर वारी-वारी जाती। और जब बिछड़ते तो जी भर कर उदास हो जाते। एक अनिश्चित अहसास कि मालूम नहीं कि अब कल क्या होगा? इसी तरह दोनों ने बरसों साथ साथ गुज़ार दिए थे। और आज जब मार्था अकेली है, बग़ैर पत्तों के दरख़्तों के नीचे तन्हा और उदास बैठी थी। यह दरख़्त भी मार्था को अपनी ज़िंदगी का प्रतिबिंब दिखाई दे रहे थे। जो ज़िंदगी की बहारें देखने के बाद पतझड़ के हत्थे चढ़ चुके थे। जिनकी ख़ूबसूरती और जवानी पतझड़ की भेंट हो चुकी थी। अब केवल पीले, सुनहरे, भूरे और नारंगी पत्ते ही बहार गुज़र जाने की कहानी कह रहे थे।

मार्था बेचैनी से मारिया का इंतज़ार कर रही थी। इंतज़ार की तड़प के साथ-साथ रह-रह कर उसका ख़याल आ रहा था। उसकी कसक महसूस कर रही थी। उसका अकेलापन खाए जा रहा था। वह कितना मज़बूत सहारा होता जब-जब वह मुश्किल में होती। कोई भी परेशानी होती तो वह कहता, ''तुम क्यों परेशान होती हो? मैं जो हूँ।'' और आज जब मार्था को एक चाहने वाले सहारे की आवश्यकता है तो वह कितनी अकेली है!

मारिया, जो उसकी साथी होती, जिसको माँ हमेशा अपना दोस्त, अपनी साथी और अपना सहारा समझती रही, वह माँ को बताए बग़ैर सबकुछ कर गुज़री। माँ के भरोसे को किस क़दर ठेस पहुँचाई। इस तड़प को केवल वही समझ सकता। मार्था को फिर वह याद आने लगा। और आँसू बंदिशों को तोड़ कर बाहर आने के लिए बेताब हो गए।

अचानक जो घड़ी पर नज़र पड़ी, तो वक्त हो गया था। मार्था तेज़ी से उठी और तेज़-तेज़ कदम बढ़ाती क्लिनिक की तरफ़ रवाना हो गई। अब यह पत्ते तड़प-तड़प कर ख़ामोश हो गए थे। मार्था की चाल में भी ठहराव आ चुका था। आँसू भी काफ़ी हद तक थम गए थे। क्लिनिक की घंटी बजाते ही दरवाज़ा खुल गया, और मार्था ने दाख़िल होते ही रिसेप्शन पर बैठी एक अनुभवी नर्स से पूछा, ''मारिया कहाँ है, कैसी है, वह ठीक है न? क्या उसने स्वयं मारिया को देखा है?'' मार्था लगातार सवाल करती गई, बोलती गई। उस नर्स को जवाब देने का अवसर तक नहीं दिया।

थोड़ा-सा अंतराल मिला तो नर्स ने पूछा, ''मारिया का पूरा नाम क्या है?

और उम्र क्या है?''

मारिया का नाम जैसे मार्था के हलक में अटक गया हो। जैसे उसका जी चाह रहा हो कि मारिया का नाम छुपा ले। कहीं यहाँ बैठी सारी औरतों को न मालूम हो जाए कि मारिया ने क्या किया है। और उम्र के बारे में तो सोचते ही जैसे उस पर बेहोशी-सी छाने लगी थी। पंद्रह साल की कुँवारी माँ! मार्था एक बार फिर काँप उठी। शर्म से पानी-पानी होने लगी। वह नर्स मारिया को लेकर आ चुकी थी। माँ बेटी की नज़रें मिलीं। दोनों की आँखें नम हो उठीं। दोनों ने नज़रें झुका लीं।

मारिया ने माँ के कंधे पर सिर रख दिया। माँ ने उसके हाथ पकड़ लिए। हाथ बिलकुल ठंडे बर्फ़ हो रहे थे। माँ अपने हाथों से जल्दी-जल्दी उसके हाथ मल-मल कर गरम करने लगी। माँ को महसूस हुआ कि मारिया का रंग संगमरमर की तरह सफ़ेद हो रहा है। होंठों का गुलाबी रंग उड़ चुका है। घने सुनहरे बाल उलझे हुए कंधों पर पड़े हुए हैं। मारिया में माँ की सी पवित्रता पैदा हो चुकी थी। माँ उसको पकड़ कर धीरे-धीरे चलाती हुई कार तक लाई। मार्था स्वयं को इतना कमज़ोर महसूस कर रही थी जैसे कार चलाने की ताक़त ही न हो। उसने हिम्मत करके मारिया से मालूम किया कि ऐसा कौन था जिसके लिए मारिया यह कुर्बानी दे गुज़री। मारिया ने माँ को कोई जवाब नहीं दिया और उसकी गोद में मुँह छुपा लिया।

माँ और अधिक उदास हो उठी। उसको फिर उसका ख़याल आ गया। वह भी मार्था की गोद में ऐसे ही मुँह छुपा लेता था। घंटों उसकी गोद में सिर रख कर लेटा रहता और कहता, ''मेरा जी चाहता है कि वक्त यहीं ठहर जाए।''

मार्था की गोद में उसे बेहद सुकून मिलता। मार्था भी उसको लिटाए घंटों एक ही स्थान पर बैठी रहती। हिलती भी नहीं थी।

मारिया के बालों में उँगलियाँ फेरते हुए माँ ने दोबारा पूछा, ''मारिया ऐसा कौन था जिसकी मुहब्बत में तूने अपने आपको बरबाद कर लिया?''

मारिया ने चेहरे को और ज़्यादा अंदर घुसाते हुए घुटी आवाज़ में कहा, ''माँ जिसके पास तुम जाती थीं!''

बस एक कदम...

"नहीं मैं नहीं आऊँगी।" शैली को अपनी आवाज़ में भरे आत्मविश्वास पर स्वयं ही यक़ीन नहीं हो पा रहा था...और वह ख़ामोश हो गई।

टेलीफ़ोन के दूसरे छोर से आवाज़ छन-छन कर बाहर आ रही थी, "हलो, हलो, फ़ोन बंद मत कीजिए...प्लीज़!"

"नहीं, मैं फ़ोन बंद नहीं कर रही...मगर...मैं आऊँगी नहीं।" इस दफ़ा आवाज़ में उतनी सख़्ती नहीं थी।

"मगर आप तो...आपने तो वादा किया था...एक बार आने में कोई नुक़सान थोड़े ही हो जाएगा आपका।"...

शैली की सोच उसे परेशान करने लगी है। आख़िर कब तक ऐसे ही ज़िंदगी जीती रहेगी। यह जीवन बार-बार तो मिलता नहीं। अगला जन्म कहाँ लेगी, कैसी होगी वो ज़िंदगी।

अगर घनश्याम को कहीं मालूम हो जाए कि वह पुनर्जन्म के बारे में सोच रही है तो उसकी सोच पर भी पहरे बैठा देगा। दुनिया में आज पहरेदारों को सबसे अधिक परेशानियों का सामना करना पड़ रहा है। तमाम पहरेदारों को चकमा देकर आज के जवान बच्चे बच्चियाँ अपने आपको बमों से उड़ा रहे हैं। क्यों ऐसे पाप करते हैं ये युवा?

पाप से ही तो डरती है शैली। अगर ऐसा न होता तो वह जीवन में कितने फूल समेट चुकी होती। सुबह चिड़ियों की तरह चहचहाती; उड़ती फिरती; ऊँचे गगन में उड़ान भरती, थक कर उसकी गोद में आ गिरती; जी भर कर प्यार करती। शैली को तो उसके पसीने की महक भी ख़ुशबू लगती।

फ़ोन की घंटी फिर बजी। उसने ऐसे लपक कर उठाया जैसे उसी फ़ोन की तरफ़ कान लगे थे। "शैली। शैली...!" वह बस उसका नाम लिए जा रहा था। शैली ने मद्धम आवाज़ में कहा, "हाँ!..." और फिर ख़ामोश हो गई। अपने जज़बात को क़ाबू में करती रही।

"शैली, प्लीज़ हाँ कह दो। मैं आकर ले जाऊँगा।"

"देखो...आने की कोई समस्या नहीं, पर...मैं ऐसा कर नहीं सकती।"

विधु की आवाज़ में प्रेम था, अक़ीदत थी, चाहत थी पर वह यह सब समझने की स्थिति में नहीं थी। डरती थी; घबराती थी। घनश्याम से, दुनिया वालों से और अपने आप से। आज उसने एक बार फिर विधु को मना कर दिया। मगर सोच भी रही है कि वह ऐसा क्यों कर रही है? आख़िर विधु की बात मान लेने में हर्ज़ ही क्या है! वह बेचारा कब तक इंतज़ार करेगा?

इंतज़ार तो घनश्याम का करना पड़ता है। सुबह से जो इन्तज़ार शुरू होता है उसका कहीं कोई अंत नहीं होता। उसका पूरा जीवन ही इंतज़ार की कड़ियों से जुड़ा है। पहले चाय बना कर फिर नाश्ता लगा कर मेज़ पर इंतज़ार करती है कि घनश्याम जी नीचे उतरें तो वह भी अपना पहला चाय का घूँट पी ले।

सुबह होते ही उसे बाथरूम ख़ाली होने की भी प्रतीक्षा करनी होती है। यहाँ लंदन में हर कमरे के साथ अटैच-बाथरूम तो है नहीं। घर में एक ही बाथरूम है जिसमें घनश्याम घुस जाते हैं और बाकी सब को अपनी बारी का इंतज़ार करना होता है। और फिर सिगरेट के धुएँ भरे बाथरूम में जाकर धुआँ पीना होता है।

सुबह के इस इंतज़ार की तो आदत पड़ चुकी थी। काटने को दौड़ता था शाम का इंतज़ार जो रात को ग्यारह बजे से पहले कभी ख़त्म नहीं हो पाता था।...मगर आजकल कुछ नया महसूस करने लगी है। रात की दुल्हन तारों भरा काला घूँघट उठाती सुबह की रोशनी उसके चेहरे से अठखेलियाँ करती तो वह सिहर जाती। उसे विधु की उँगलियों का स्पर्श महसूस होता।

जब बच्चे छोटे थे घनश्याम ख़ुद तो रात को देर से आता था किंतु आदेश यह था कि बच्चे जागते रहें और उससे मिलने के बाद ही सोएँ। बच्चे भूखे बैठे रहते। उनको भी बचपन ही से इंतज़ार की आदत डाली जा रही थी। इसीलिए बड़े होते ही चिड़िया के बच्चों की तरह पंख निकलते ही उड़ गए।

बेटा तो अंग्रेज़ लड़की से ब्याह रचा के आप ही विदा हो गया। अगर कभी माँ बेचैन होकर मिलना चाहती तो गोरी सुनहरे बालों और हरी आँखों वाली पत्नी कहती, "उनसे कहो कि लंच लेकर वे लोग यहीं आ जाएँ तो हम साथ ही खा लेंगे।" शैली को यह भी स्वीकार था कि चलो इसी बहाने बहू बेटे दोनों से मुलाक़ात हो जाएगी। घनश्याम नाक-भौं चढ़ाता कि छुट्टी के दिन वह घर में ही रहना चाहता है; आराम करना चाहता है, "तुम यह क्या फ़ुजूल का प्रोग्राम बना लेती हो?"

"बच्चों को मिलने जाना फ़ुजूल का काम होता है क्या?"

"शैली, तुम बहस बहुत करती हो...तुम ख़ुद तो सारे हफ़्ते घर में बैठी

आराम करती हो, मैं सारे हफ़्ते मज़दूरी करता हूँ। क्या एक दिन आराम करने का भी हक़ नहीं मुझे?''

शैली इस बात को बार-बार सोचती है और अपने आप में ही मुस्कुरा लेती है। मर्सिडीज़ में बैठ कर मज़दूरी करने वाले की मानसिकता समझने का प्रयास करती है।

अपने कोमल लंबे-लंबे नाख़ूनों वाले हाथों को अक्सर हसरत से देखा करती थी शैली। एक बार एक संगतराश ने उसकी ख़ूबसूरत उँगलियों को देख कर कहा था, ''अपने हाथों का बीमा करवा लीजिए आप। वैसे अगर कुछ समय के लिए अपने हाथ मुझे दे दें तो मैं इन हाथों को पत्थरों में तराश दूँ।'' ऐसी बातों पर झेंप जाया करती थी। आज वही हाथ पानी में धुल-धुल कर खुरदरे और सख़्त हो गए थे...वेसलीन हैंड क्रीम भी हारने लगी थी।...भारत में तो वह सीधी-सादी पॉमोलिव की हरे रंग की वैसलीन लगाया करती थी या फिर मलाई में ग्लिसरीन मिला कर।

यहाँ के दूध पर तो मलाई ही नहीं आती। दूध को उबाला ही नहीं जाता। उबाल आता ज़रूर है मगर उसकी तक़दीर में। फिर भी वह लक्ष्मण रेखा को तोड़ नहीं पाती। क्या सीता ने लक्ष्मण रेखा को जान बूझ कर तोड़ा होगा? क्या उसके हाथ की रेखाओं को भी राम ने घनश्याम की ही तरह मिटा दिया था?

रोशनी की एक हल्की सी लक़ीर ज़रूर दिखाई दी है...विधु! मगर उसकी उपस्थिति ने भी ख़ौफ़ और दहशत अधिक पैदा किए हैं। लंदन आने के बाद अभी शैली ने ड्राइविंग लायसेंस भी नहीं लिया था और घनश्याम ने आदेश सुना दिया था, ''अब आपको ड्राइव करना होगा! बच्चों को स्कूल ले जाना होगा।''

''मगर मेरे पास तो लायसेंस ही नहीं है।'' शैली की घबराहट माथे से बहने लगी थी।

''इंटरनेशनल लायसेंस का मतलब समझती हैं आप? एक हज़ार रुपये दिए थे एजेंट को। तब जाकर कहीं बना था।'' घनश्याम की कड़कड़ाहट गरजी।

''मगर...कार कहाँ है?''

''जाइए, नीचे जाकर देखिए।''

''आप यहीं बता दीजिए न।''

''अरे कहा न, नीचे जाकर देखिये।''

दिन भर की थकी शैली ख़ुश थी कि आज घनश्याम दफ़्तर से कुछ जल्दी वापिस आ गया था। किंतु पति के पास प्यार के दो मीठे शब्द भला कहाँ थे। आदेश...बस आदेश! शैली नीचे चल पड़ी।...घर के दरवाज़े के बाहर एक सेकंड हैंड फ़ोर्ड एस्कॉर्ट खड़ी थी-सुनहरे रंग की कार! शैली को घनश्याम का

सरप्राइज़ बिलकुल पसंद नहीं आया। कार देख कर ख़ुशी तो क्या होनी थी बस दिल बैठने सा लगा। भारत में एक बड़ी सी कार थी मर्सिडीज़ और एक ड्राइवर भी था। यहाँ यह खचड़ा सी कार उसे ख़ुद चलानी होगी।

ठीक है कि यहाँ लंदन में सब लोग अपना काम स्वयं ही करते हैं। मगर ऐसी कार! उधर घनश्याम लगभग भौंचक-सा खड़ा था। उसे आशा थी कि शैली इस सरप्राइज़ को देख कर तारीफ़ करेगी; ख़ुश होगी। शैली के सहज जवाब ने उसे हैरान ही कर दिया, "मैंने आपसे कार की फ़रमाइश कब की थी?"

"अरे हर चीज़ की फ़रमाइश नहीं की जाती, मिसेज़ मेहरा!...इस मुल्क़ में टीवी, फ्रिज, कार, रेडियो वगैरह सब ज़रूरत की चीज़ें हैं। यहाँ इन्हें लग्ज़री नहीं मानते। कार के बिना क्या मेरे बच्चों को पैदल घसीटेंगी आप? घर का सौदा सुल्फ़ क्या पैदल जाकर लाएँगी? और फिर मुझे सुबह शाम ट्यूब स्टेशन लाए ले जाएगा कौन?" घनश्याम जब जब ग़ुस्सा होता तो शैली को मिसेज़ मेहरा कह कर बुलाता और तुम से आप पर उतर आता।

कौन का सवाल ख़ूब था। इस कार ने शैली के जीवन में गर्माहट लाने के स्थान पर सर्दी की कड़कड़ाहट उसकी हड्डियों में भर दी थी। हाँ वो जनवरी की एक रात थी। शैली ट्यूब-स्टेशन के बाहर खड़ी अपने घन की प्रतीक्षा कर रही थी। बर्फ़ीली रात के साढ़े ग्यारह बजे का सन्नाटा और सफ़ेदी मिल कर कुछ ऐसा माहौल बना रहे थे कि शैली को लग रहा था जैसे कि चारों ओर सफ़ेद भूत चल रहे हैं। बर्फ़ीली रुई के फाहे उसकी कार की विंडस्क्रीन से टकराते। वह घबरा कर वाइपर चला देती। वाइपर फ़ौजी जवान की तरह लेफ़्ट-राइट करने लगते; बस ऑर्डर मिलने की देर होती।

वाइपरों को देख कर शैली एक गहरी सोच में डूब जाती है। आदेश मिलते ही जो वाइपर लेफ़्ट-राइट करने लगते हैं और बिना साँस लिये अर्ध-चक्कर में फँस जाते हैं; जब उनका रबर घिस जाता है तो उन्हें निकाल कर फेंक दिया जाता है। शैली का जीवन भला इससे अलग कहाँ है। उसकी सुबह भी अधूरी-सी होती और शाम के ऊपर से होती हुई रात-जैसे कि बिन बुलाया मेहमान। वाइपर सा अर्धचक्र!

साढ़े ग्यारह बजे वाली सफ़ेद रात में डर ज़रा अधिक ही समाया होता है। ऐसे में आहिस्ता-आहिस्ता गाड़ी स्टेशन में दाख़िल हुई। गाड़ी की खिड़कियों में से रोशनी बाहर झाँकती दिखाई देती और हर रोशनी के बीच से एक गोला सा नज़र आता क्योंकि यात्रियों के कंधे ट्रेन की दीवार की ओट में होते। हाँ! कुछ लंबे-तड़ंगे इन्सानों के गोल सिर ऊपर को होते तो वे बेसर के भूत से बन जाते। शैली सड़क पर कार के भीतर से ही उन रोशनी के गोलों में से घनश्याम का सिर

ढूँढ़ने की चेष्ठा करती रही। प्रतीक्षा बस प्रतीक्षा ही बनी रही।

वक्त की सुइयाँ आगे बढ़ती जा रही थीं। सफ़ेद रात के साये और भयानक बनते जा रहे थे। एक चिंता यह कि घनश्याम आए क्यों नहीं। और दूसरी चिंता कि बच्चे अकेले डर रहे होंगे। घनश्याम ने अपनी मर्सीडीज़ में तो टेलीफ़ोन भी लगवाया हुआ है। भला इस सेकंड हैंड कार में कौन फ़ोन फ़िट करवाएगा।...आज तो शैली ने सर्दी और बर्फ़ के मारे कार बंद भी नहीं की। बस पेट्रोल फुँकता रहा।

चिंता में भी शैली की सोच रुक नहीं पा रही है। कार में बैठे हुए भी उसे लगता है कि वह डरी-डरी दीवार का सहारा लिये खड़ी है। उसके भाग्य में यही बदा था। घनश्याम स्वयं भी तो एक मोटी-ताज़ी दीवार ही है। रात को घर आकर बच्चों को जागते देख एक विजयी सी मुस्कान बिखेरता है। चुप बैठा खाना खा लेता है। किसी बच्चे से कोई बात नहीं। बस टीवी के सामने बैठा-बैठा अपने गले से बेसुरे राग निकालने लगता है। उन बेसुरी तानों से घबरा कर बच्चे एक-एक करके अपने कमरों की तरफ़ खिसक लेते हैं।

अब शैली करे तो क्या? वैसे उसे विश्वास है कि उसकी नौ साल वाली बड़ी बिटिया बच्चों का ख्याल रख रही होगी। हालात को देखते हुए वह बच्चों की माँ नम्बर दो बन गई है। अपने छोटे भाई व बहन को समझाती और अम्माँ को परेशान करने और शरारत करने से रोकती।...लगता जैसे बच्चे भी बचपन ही में बड़े हो गए थे। शैली तय नहीं कर पाती थी कि इस अप्राकृतिक प्रक्रिया पर हँसे या रोए...मगर उसका अपना रोना या हँसना भी कहाँ उसके अपने वश में थे-उनका नियंत्रण भी तो घनश्याम के हाथ में था।

शैली बेजान दीवार का सहारा लेते हुए सँभल-सँभलकर फिसलती हुई, मज़बूती से ज़मीन पर पैर जमाती हुई दरवाज़े तक पहुँची और बर्फ़ से ठंडे हाथों से चाबी को की-होल तक ले जाने का प्रयास करने लगी। निशाना चूक-चूक जाता। चाबी दरवाज़े से बार-बार टकराई तो 'कौन-कौन' करते घनश्याम ने दरवाज़ा खोला...घनश्याम के ठंडे व्यवहार के मुक़ाबले चारों ओर फैली बर्फ़ की ठंडक में गर्माहट महसूस होने लगी, "अरे आप घर पहुँच गए!। कैसे?"

"यह क्या बेहूदा सवाल है?...क्या घर नहीं आता?"

"मगर आपने तो मुझे आख़िरी स्टेशन पर आने को कहा था।"

"अरे भई, तो इसमें कौन सा पहाड़ टूट पड़ा अगर मैं जल्दी घर पहुँच गया?"

"...मैं तो वहाँ डेढ़ घंटा खड़ी रही। आपकी प्रतीक्षा करती रही!"

"ऐसी क्या मुसीबत आ गई। गरम कार में ही तो बैठी थीं न?"

बर्फ़ानी रात में भी शैली के कान जलने लगे। उसके ग़ुस्से की गरमी भी

उसके भीतर की बर्फ़ को पिघला न सकी...बदन के काँपने में सर्दी, डर और ग़ुस्सा तीनों शामिल थे। जल्दी से गैस के चारों बर्नर जला दिए। खाने की तैयारी में जुट गई। रात के साढ़े बारह बजे गरम खाना डाइनिंग टेबल पर लगाया। लगभग दौड़ते हुए बच्चों को बुलाने गई। तीनों एक ही पलंग पर आड़े तिरछे एक दूसरे पर हाथ रखे हुए गहरी नींद में सो रहे थे। एक दूसरे के ऊपर हाथ रख कर तसल्ली देते हुए बच्चे कि "डरो नहीं हम जो हैं।" शैली खड़ी उन्हें देखती रही और धीरे-धीरे उन पर रज़ाई ओढ़ाने लगी।

"अरे भाई क्या अब मेज़ भी मुझी को साफ़ करनी पड़ेगी? बच्चों को लेकर आओ और किचन क्लीयर करो!" नीचे से घनश्याम की ऊँची आवाज़ ने उसे दहला दिया।

शैली केवल सोच सकती थी बोलने की अनुमति उसे बिलकुल नहीं थी। घनश्याम की महफ़िल में होंठ सिले रखने का आदेश था। शैली ने डरते-डरते ही सोचने का दुःसाहस कर लिया-क्या बात कही है घनश्याम जी ने! क्या मेज़ भी मैं ही साफ़ करूँ? यानी खाना खाने की तक़लीफ़ तो मैंने उठा ली अब क्या मेज़ भी।

"मेरे बच्चे भूखे ही सो गए।...बस इसीलिए..." शैली की रुँआसी आवाज़ वाक्य पूरा नहीं कर पाई।

"क्या बच्चे अपने मायके से लाई थीं आप?...ये मेरे कुछ नहीं लगते?...कम से कम बेटियाँ तो पक्के तौर पर मेरी हैं...बेटे के बारे में...अब क्या कहूँ?"

"क्या कह रहे हैं?...इतनी गिरी बात।!"

"एक बात आप अच्छी तरह समझ लीजिए...तुम्हारा बेटा...बदतमीज़...मुझे फूटी आँख नहीं भाता। उसमें मुझे अपने जैसी कोई बात नहीं दिखाई देती...एकदम...'ईविल' लगता हैं।

"'ईविल'! अपनी ही औलाद को आप ऐसा कैसे कह सकते हैं।"

"यार अब तुम हर वक़्त बहस मत किया करो। सारे दिन का थका-हारा वापिस आता हूँ...और यहाँ भी चैन नहीं। सुनो...चाय ला देना टी.वी. वाले कमरे में।"

जब तक शैली चाय बना कर ले जा पाती, घनश्याम ऊँची आवाज़ में टीवी देखता उसके साथ अपने ख़र्राटों का मुक़ाबला शुरू कर देता। शैली बस इसी उहापोह में रह जाती कि क्या उसे चाय लाने में देरी हो गई। एक निगाह उस मांस के खड़खड़ाते लोथड़े पर डालती है...रहम आ जाता है...कितना थक गया है। चलो जूते उतार देती हूँ...

"ऊँ हूँ क्या करती हो, भई! सोने दो।"

वापिस किचन। सफ़ाई शुरू कर देती है। जब बिजली बंद करके निकलने लगती है तो याद आता है कि उसने स्वयं तो खाना खाया ही नहीं। घनश्याम के साथ खाने के चक्कर में वह स्वयं तो भूखी ही रह गई।

भूखी तो वह अधिकतर रह जाती है।...उसकी तो कोई भूख शांत नहीं हो पाती।...सोचती है...आख़िर घनश्याम इतना तृप्त और संतुष्ट कैसे रह लेता है?...दोनों की उमर में अंतर भी तो कितना है। अगर कुछ एक साल और बड़ा होता तो उसका पिता हो सकता था...सोचते ही काँप सी गई...ऐसा ख़्याल भी उसके दिल में कैसे आया?...अपने ही पति को अपना पिता...!

किचन का दरवाज़ा आहिस्ता से बंद किया, कहीं घनश्याम जाग न जाए... अकेली हर सीढ़ी पर दबा-दबा कर पैर रखती हुई ऊपर पहुँच कर हसरत भरी निगाह से उस कमरे की तरफ़ देखती है जिसे घनश्याम और शैली का बेडरूम कहा जाता है। बच्चों के कमरे में पहुँच जाती है। ख़ाली पलंग उसका इंतज़ार कर रहा है...मुँह चिढ़ा रहा है...आख़िर वह है क्या? कुछ ऐसे ही सवाल उसे परेशान किए रहते हैं। और उसकी थकान उसकी आँखों को अंततः बंद होने को मजबूर कर देती है।

बच्चे भी बहुत बार यह सवाल कर बैठते हैं, ''अम्माँ, आप अपने कमरे में क्यों नहीं सोती हैं?''

''मुझे अकेला कमरा अच्छा नहीं लगता बेटा।''

''तो पापा से कहिये न कि वे ऊपर आकर सोया करें।''

''वो नहीं आते बेटा।''

''क्यों?'' बेटा पूछ लेता है।

''मुझे नहीं मालूम बेटा...!'' झूठ बोले या सच? तय नहीं कर सकती।

आज तक समझ नहीं पाई है कि आख़िर उसमें कमी क्या है...चौबीस घंटे बांदी की तरह काम करती है...और यह इनसान कहता है कि बेटा न जाने कहाँ से ले आई हो!...उसे 'ईविल' कहता है! शैतान तो ख़ुद है। काश!। वह ऐसा कुछ कर पाती...अभी भी क्या कमी है उसमें? अभी भी लोग मुड़ कर देखते हैं...आँखों ही आँखों में अपनी बात कह जाते हैं...उनके आसपास के लोग इस बात से परिचित हैं कि उसकी रातें सिसकती, बिलखती अकेली हैं।

घनश्याम को घमंड है कि वह पैसा कमाता है। ठीक है कि दफ़्तर जाता है, काम करता है। मगर दफ़्तर में उसके नीचे काम करने वाली दो-दो सेक्रेटेरी हैं- एक काली है और दूसरी गोरी स्कॉटिश। दफ़्तर का सारा काम वह अकेला तो नहीं ही करता। फिर इतना थकने का नाटक क्यों करता है। उसके लिए तो घर पर कोई नौकरानी नहीं है। वह तो अकेली ही बच्चों को बड़ा कर रही है। सारा

महत्त्व घनश्याम ख़ुद क्यों ले लेता है। कौन अधिक महत्त्वपूर्ण है? वह जो पैसा कमा कर लाता है या वह जो उसकी दूसरी पीढ़ी को संस्कार दे रही है; उसके घर को सँभाल-सँवार रही है? आज शैली ने सोचने के लिए पूरी तरह से कमर कस ली है। क्या वह घर की नौकरानी भर है, बस?...अचानक घबरा जाती है। नहीं...उसे ऐसा नहीं सोचना चाहिए। अगर उसकी सोच की भनक घनश्याम को मिल गई तो?...उसकें शरीर ने झुरझुरी ली।

बस सिर को एक हल्का सा झटका उसके सभी विचारों को बाहर फेंकने में सक्षम हो जाता है। एक बार फिर घर की दौड़-भाग में लग गई। किंतु आज उसके विचार उसे चैन नहीं लेने दे रहे-बस आंदोलित किए जा रहे हैं। उसे एक कटघरे में खड़ा कर रहे थे-जवाब माँग रहे थे। "तुम घनश्याम से इतनी डरती क्यों हो?" इस सवाल का जवाब नहीं खोज पा रही थी।

फिर सोचती है, "शायद मैं आलसी हूँ...हाँ मैं हूँ आलसी! ऐशो आराम की आदी हो गई हूँ। माँ-बाप ने जैसे एक मख़मल के डिब्बे में सँभाल कर रखा। यहाँ भी कालीनों पर चलने की आदत पड़ गई है। यहाँ इस देश में तो बाथरूम में भी कालीन बिछा रहता है।...क्या सच में घनश्याम ने उसके लिए कुछ ऐसा किया है जिसके लिए वह उसकी जीवन भर अहसानमंद रहे? यह सब तो ब्रिटेन में सभी के घरों में है। फिर भी इसे लेकर घनश्याम ताने मारता रहता है। पहले तो बंदिनी बना कर ले आया...अब तीर और ताने...!

मर्दों के बारे में सोच कर ही वितृष्णा सी होने लगती। उसे हर मर्द स्वार्थी, आत्म-केंद्रित, तंग नज़र और बेग़ैरत लगने लगा है। बेचारी इससे आगे गालियाँ सोच ही नहीं पाती।

लगता है कि शायद स्वयं ही कमज़ोर है वो। वर्ना क्यों पागलों की तरह लगी हुई है काम करने में? किंतु काम तो बच्चों का करती है...तो फिर...?

उसने तो सारा जीवन ही घनश्याम की इच्छाओं पर होम कर दिया। बिना बाँहों का ब्लाउज़ नहीं पहना; पूरे शरीर को इस तरह ढक कर रखा जैसे कि बुर्का पहन रखा हो। घुटनों तक लंबे उसके बाल। लोग दूर से देख कर भी निहारा करते थे। किंतु घनश्याम का कहना था कि देहाती लगते हैं। बस कंधे तक कटवा दिए।...उस दिन माँ की बहुत याद आई थी। बचपन में उसके बालों में नारियल का तेल लगाया करती थी। और रात को एक चोटी कस कर बांध कर सोने देती थीं कि बाल रात को ही बढ़ते हैं। सुबह उठ कर दो चोटियाँ बँध जाती थीं। दोनों कंधों से लटकतीं, रंग-बिरंगे रिबन वाली चोटियाँ लिए इतराती घूमती शैली।

उसके बालों की तारीफ़ घनश्याम के सभी दोस्त करते थे। शायद इसीलिए घनश्याम को लंबे बाल गँवारपन की निशानी लगते थे। आज जब पीछे मुड़ कर

सोचती है तो समझ आता है कि घनश्याम के दोस्त उससे सीधे-सीधे फ़्लर्ट भी करते थे। सभी को मालूम था कि घनश्याम रात को देर देर तक अपने दफ़्तर में अपनी सेक्रेटरी के साथ रहता है और घर में जवान बीवी आँसू बहाती रहती है।

आज शैली को बार-बार मायका याद आ रहा है। बालों के बाद याद आया वो दर्ज़ी-जो घर में ही नाप लेकर कपड़े सिला करता था। मासूम शैली उस दर्ज़ी को बहुत ध्यान से कपड़ा काटते और पैरों से चलने वाली सिलाई मशीन से सिलते देखती थी। सवाल पूछती। उतने ही ध्यान से मास्टर जी के जवाब सुनती। बस इसी तरह देखते-देखते ही वह कपड़े सीने भी सीख गई। मगर यहाँ लंदन शहर में भला कौन कपड़े सिलता है? हर कोई सिले सिलाए कपड़े डिपार्टमेंट स्टोर से ख़रीद लेता है। बच्चे, घनश्याम, शैली स्वयं सभी सिले सिलाए कपड़े ख़रीद लेते हैं। भारत वापिस जाती है तो ब्लाउज़ वहीं से सिलवा लाती है।

शैली को खाना बनाने, परोसने और खिलाने में विशेष आनंद की अनुभूति होती है। शायद इसीलिए उसे शनिवार और रविवार का इंतज़ार भी रहता था। मेज़ पर उसका छोटा सा परिवार जब भोजन के लिए बैठता वह सबके लिए गरमा-गरम फूले हुए फुलके बना कर परोसती। भारतीय संस्कारों में पली-बढ़ी लड़की...संस्कारों को समझती। मगर घनश्याम को घर की लक्ष्मी के अर्थ नहीं मालूम थे। उसकी लक्ष्मी हमेशा उसके पर्स में और जेब में दबी रहती। शैली को आज तक नहीं मालूम कि उसके पति की पगार कितनी थी; बोनस कितना मिलता था; और किन-किन बैंकों में किस-किस करंसी में उसके अकाउंट हैं।

दरअसल आज उसे महसूस हो रहा है कि वह घर की मालकिन नहीं बल्कि एक ख़रीदी हुई बांदी की ज़िंदगी जीती रही है। बच्चों को घुड़सवारी, प्यानो, कराटे, होमवर्क सब करवाती रही है। घनश्याम के कपड़े निकाल कर मैचिंग टाई, मोज़े, कफ़-लिंक, रूमाल निकालना और फिर जूते पॉलिश करना।

बचपन में उसके अपने जूते, भाइयों के जूते रामलाल बाबा पॉलिश किया करते थे। वे फ़ौज से रिटायर हवलदार थे। चौकीदारी करते थे। घर के सभी लोगों के जूते फ़ौजी स्तर पर चमकते थे। रामलाल बाबा द्वारा पॉलिश किए चमकते जूतों में शैली अपना मुँह देख देख कर हँसा करती। और बाबा को गर्व होता कि फ़ौज छोड़ने के बाद भी वे जूते फ़ौजी ढंग से ही पॉलिश करते थे। शैली घनश्याम के जूते पॉलिश करने के बाद उनमें अपना चेहरा देखने का यत्न करती। मगर आज चेहरा धुँधला दिखाई देता है!

फ़ौज में तो विधु भी था। क्या वह भी अपने जूते ऐसे ही पॉलिश करता होगा। विधु का ख़्याल भर ही जूते पॉलिश करने-जैसी नौकराना गतिविधि में भी रोमांस का पुट भर देता है। ऐसा क्यों हो रहा है?...वह तो विधु को बहुत बार

कह भी चुकी है कि उसके मन में वैसा कुछ भी नहीं है जो विधु सोच रहा है। क्या वह झूठ कहती है कि वह एक पतिव्रता पत्नी और ज़िम्मेदार माँ है? विधु के बारे में सोचने भर से वह क्यों खिल उठती है। घनश्याम तक पूछने से बाज़ नहीं आते, "आप आजकल मंद मंद मुस्कुराती क्यों रहती हैं?"...क्या उसकी सोच में परिवर्तन आ रहा है?...क्या वह झूठ बोलने लगी है?...सोचती कुछ है और करती कुछ है!

दो दिन से विधु ने फ़ोन भी नहीं किया। कहीं घनश्याम ने कुछ कह तो नहीं दिया?...फ़ोन पर बदतमीज़ी करना जैसे घनश्याम का जन्मसिद्ध अधिकार है...टेलीफ़ोन घनश्याम के नाम में है...घर का मालिक भी वही है...यह उसके मूड पर निर्भर है कि शैली की बात उसके किसी जानने वाले से करवाए या नहीं।

विधु कितना अलग किस्म का इन्सान है? कितनी तारीफ़ करता है इस मुल्क़ की, "शैली जी मुझे किसी ने इस देश में आने के लिए ज़बरदस्ती तो की नहीं। अपनी मर्ज़ी से आया, कमाया खाया, और अपने घर वालों को पैसे भेजे। हमारे लोग यहाँ की सोशल सिक्योरिटी का पूरा फ़ायदा उठाते हैं; अपने बच्चों को मुफ़्त की पढ़ाई करवाते हैं; एन.एच.एस. में मुफ़्त का इलाज करवाते हैं मगर अपना मुल्क़ उसे बताते हैं जिसे छोड़ आए हैं।" घनश्याम भी तो यही करता है। बस हिन्दुस्तानी या फिर पाकिस्तानी चैनल देखता रहता है। क्रिकेट से लेकर मौसम तक ब्रिटेन की बुराइयाँ करता रहता है। एक तरफ़ घनश्याम–नकारात्मकता की पराकाष्ठा और दूसरी ओर विधु–सकारात्मकता की ठंडी बयार।

किसी का किसी से मुक़ाबला करना बुरी आदत है। फिर विधु और घनश्याम में तो किसी भी प्रकार का मुक़ाबला नहीं किया जा सकता...घबरा गई है शैली... आज यह बार-बार विधु क्यों चला आ रहा है उसकी सोच के दायरे में।

फ़ोन की घंटी बजी है। शैली दौड़ कर फ़ोन उठा लेती है। "हलो...हलो। हलो...!" सुनाई देते हुए भी उसे आवाज़ सुनाई नहीं दे रही। वह घबरा रही है...। विधु का नाम सोचा और फ़ोन की घंटी बज उठी। भला ऐसा कैसे हो गया। उसकी उधेड़बुन से बेख़बर फ़ोन टूं ऊँ...ऊँ...करने लगा। और अंततः बंद हो गया।...क्या उसे फ़ोन कर लेना चाहिए?...

अगर अब फ़ोन आया तो वह सयंम से बात करेगी...आराम से हेलो करेगी...हालचाल पूछेगी। फिर हर उस बात का जवाब देगी जो वह पूछेगा...विधु तो शैली की हर बात बहुत ध्यान से सुनता है। कई बार तो वह इतनी ख़ामोशी से बातें सुनता है कि शैली को लगता है जैसे वह सुन ही नहीं रहा...किंतु महीनों

बाद वह शैली की बात शब्दशः दोहरा देता है।

"अरे तुमने मेरी पूरी बात सुन ली थी।" शैली आश्चर्य से पूछती।

"आपकी बात मेरे लिए देववाणी से कम नहीं होती...यह भला कैसे हो सकता है कि कोई देववाणी को न सुने?" शैली सोचने लगती है कि क्या वह कभी भी ऐसी बातें कर सकती है? उसने तो जीवन में जब भी मुँह खोला, यही सुनाई दिया, "तुम चुप रहो जी, तुम्हें क्या मालूम!" और वह घबरा कर चुप हो जाती और जल्दी-जल्दी अपने चारों ओर देखती कि जब उसे मूढ़ घोषित किया जा रहा था तो किसी ने सुन तो नहीं लिया!

शैली के मोबाइल फ़ोन की घंटी फिर से चहचहाने लगी...उसने अपने मोबाइल की टोन चिड़ियों की चहचहाट और झरने के शीतल और पुर-सुकून संगीत के साथ बना रखी थी। उस संगीत को सुनते हुए उसे महसूस होने लगा कि यह आवाज़ उसे उस झरने के पास ले जा रही है जो पहाड़ी से निकल कर धरती की ओर बढ़ रहा है...प्रेम उसके अंग-अंग में है। ऊपर से शोर मचाता हुआ चलता है, नीचे आते-आते ज़्यादा उज्ज्वल और सुरीला हो जाता है। फिर धरती की गोद में समा जाता है। दोनों एक हो जाते हैं...पास पड़े पत्थर इस मिलन पर मुस्कुराते हैं क्योंकि जाते जाते झरना उन पत्थरों को भी छूता, सहलाता, नहलाता पवित्र करता हुआ प्रेमिका की आग़ोश में खो जाता है...खो जाने को जी तो चाहता है उसका भी...मगर कैसे?

फ़ोन शायद अपनी चुप्पी से परेशान होकर एक बार फिर चहचहाने लगा... उसने लपक कर उठा लिया...फ़ोन को कान से चिपका लिया ताकि आवाज़ किसी और तक पहुँच न पाएँ...फ़ोन को पकड़े पकड़े टहलने लगी...साँस रुकी सी जा रही थी...ध्यान से सुन रही थी शायद जो कुछ भी कहा जा रहा था... बिलकुल खो गई केवल इतना बोल पाई। "मगर विधु...!"

फ़िर ख़ामोश टहलने लगी...चेहरे पर एक ख़ास चमक थी...आँखों में ज़िंदगी जी रही थी...शैली बस हूँ-हाँ...अच्छा...अच्छा...कहे जा रही थी, "नहीं, विधु...ज़िद न करो...!" फ़ोन रख दिया।

सोफ़े पर बैठ गई शैली। मन में हलचल...जाए या नहीं...जाएं। नहीं नहीं... क्या यह ठीक होगा? उसे बस एक कदम ही तो आगे बढ़ाना है, और एक नई दुनिया उसकी प्रतीक्षा कर रही है।

एक झटके से उसने अपना हैंड-बैग उठाया...दरवाज़े की तरफ़ बढ़ी और बाहर निकल गई। दरवाज़ा बंद होने की आवाज़ आई और गुम हो गई।

लौट आओ तुम...

"बीबी...! कहाँ हैं आप...!"

"मैं नीचे हूँ आपा...ड्राइंगरूम में।"

क्या कर रही होगी...शायद...सफ़ाई कर रही होगी...! आपा ने सोचा।

"आपा मैं चाय पीकर आती हूँ..."

बीबी जवाब देकर खो गई–इमेजिन टी.वी. का सीरियल देखने में। बिलकुल व्यस्त हो गई। ये सीरियल भी सिगरेट और शराब की तरह नशा बन कर जीवन का अटूट हिस्सा बन जाते हैं। बंदिनी, ज्योति, रक्तसंबंध, गुनाहों का देवता...बीबी वे तमाम सीरियल देखती और उसकी देखा-देखी आपा ने भी सीरियल में दिलचस्पी लेना शुरू कर दिया क्योंकि बीबी अक्सर साबजी के पीछे सीढ़ियों पर गठरी बनी बैठी टुकुर-टुकुर टी.वी. देखा करती। अगर साबजी आवाज़ देते तो लहरा कर बड़े प्यार से पूछ्ती, "जी साबजी...। आपने बुलाया?"

"भई, ऐसा करो कि एक प्याली चाय पिलाओ।"

"जी साबजी।"

"हाँ मगर सुनो....फ़्लू वाली बनाना।"

"जी अच्छा साबजी।"

बीबी सोचती फ़्लू तो हुआ नहीं...पर फ़्लू की चाय का भी शायद नशा हो गया है मेरे साबजी को...!

और वह मटकती-चटखती, झूमती-लहराती रसोई में पहुँच जाती, गुनगुनाते-गुनगुनाते मसालों की हर बोतल को खोलती-बंद करती और खुट से अलमारी में रखती तो लचक सी जाती। रात हो गई थी। उसने अपने काले-काले बालों को भी कंघी मार कर कमर के नीचे तक बिखरा दिया था। जो बाल पीठ पर खुले पड़े थे, वे भी हर जुम्बिश के साथ ऐसे लहरा जाते जैसे घोड़ा ऊँघते-ऊँघते एक दम से एक टाँग झटकता है तो मोटे काले-काले बालों वाली पूँछ लहरा जाती है और फिर कुछ देर तक वह हिलती ही रहती है। वाटिका कोकोनट हेयर

ऑयल की महक भी हर ओर फैल जाती।

अजवाइन की बोतल से एक छोटा चमच अजवाइन को निकाला, सूँघा और पतीली में डाल दिया। दालचीनी के बाद छोटी इलायची की शीशी खोलते ही पहले पूरी साबुत इलायची अपने मुँह में डाली, मुँह को गोल-गोल घुमा कर इलायची का सत्त चूसने लगी और फिर दो इलायचियाँ पतीली में डाल दीं। दो लोंग चुपके से सीधे पतीली ही में गिरा दिए। उसको लोंग बिलकुल नहीं पसंद थी मुँह जो जला देती थी। ग्रीन टी का डिब्बा उठाने पीछे मुड़ी तो इंतज़ार करते-करते भाईजान भी धीरे-धीरे चलते-चलते किचन में पहुँच कर उसके पीछे ही खड़े थे।

"अरे भई! आ नहीं रही हो बंदिनी शुरू हो गई है।"

साबजी ने अपनी बंदिनी से गहरी और मुलायम आवाज़ में पूछा।

"आती हूँ बस दो मिनिट साबजी।"

"अच्छा आओ जल्दी...नहीं तो...मज़ा नहीं आएगा।"

"जी अच्छा साबजी।

साबजी चमकती-महकती ज़ुल्फ़ों के क़रीब झुककर जी भर कर महसूस भी न कर पाए थे कि सीढ़ियों से आपा के उतरने की मुलायम-मुलायम नाज़ुक कदमों की आवाज़ आने लगी। आहट दोनों ने सुनी...साबजी धीरे-धीरे टहलते हुए किचन से बाहर निकलते हुए ताकीद कर गए, "जल्दी से आओ।"

"अरे...! ये तो आपा ख़ुद ही आ गईं...! मुझे बुलाया था उन्होंने। मैं तो भूल ही गई थी..." बीबी ने साबजी के कानों में रस घोलते हुए घबरा कर ज़ोर से कहा।"

"कोई बात नहीं कभी-कभी ग़लती हो जाती है। साबजी ने तसल्ली दी।

और उसको तसल्ली हो गई कि अब किसी की कोई परवाह नहीं...!

"अच्छा अब आराम से जल्दी से चाय बनाकर आ जाओ। शहद ज़रूर डालना...दो चम्मच, मनुका हनी-महँगा वाला...और तो कोई नहीं खाता न...मेरा असली हनी...?"

"मालूम नहीं साबजी मैं तो नहीं खाती।"

"तो कैसे ख़त्म हो जाता है इतनी जल्दी?"

"अब से मेरे फल, मेरे ड्राई-फ्रूट्स और मेरा हनी, मेरे कमरे में रख दिया करो।"

"जी साबजी।"

आपा बेचारी थक हारकर शाम सात बजे घर भागी-भागी आतीं और अपने छोटे से कमरे में पलंग पर सफ़ेद पलंगपोश के ऊपर ही सफ़ेद और गुलाबी

कुशन पीठ के पीछे लगाकर घुटनों पर हल्के नीले और गुलाबी फूलों वाली रज़ाई डालकर टी.वी. पर नज़रें गाड़ कर बैठ जातीं...क्योंकि बीबी ने राय दी थी, "आपा बंदिनी अवश्य देखें, अपने कमरे में नरम-नरम बिस्तर में बैठ जाया करें तो मैं वहीं गरम-गरम चाय ला दिया करूँगी।"

आज आपा फिर कहना मान गईं और बैठे-बैठे इंतज़ार करते-करते थक गई तो नीचे उतर आईं।

"अरे आपा आप नीचे क्यों आ गईं? चलिए बैठिए, मैं आपको चाय वहीं लाकर देती हूँ..."

"कहाँ बैठूँ?" आपा ने धीरे से मुलायमियत से पूछा।

"कह तो रही हूँ ऊपर चलिए आराम से बैठिए?...चाय वहीं लाती हूँ।"

आपा ठिठकीं और फिर सँभलते हुए मुड़ीं। हल्के-हल्के क़दम बढ़ाते फिर ऊपर चली गईं। जा तो ऊपर रही थीं पर ऐसा महसूस कर रही थीं जैसे नीचे को उतरती चली जा रही हों। अपने कमरे के बजाय साबजी के कमरे को ख़ाली देखा तो आज वहीं बैठ कर बड़ी स्क्रीन वाले टी.वी. पर सीरियल देखने का जी चाह गया।

"अरे आपा! आप यहाँ बैठी हैं, मैं आप को हर कमरे में ढूँढ़ती फिर रही हूँ। लीजिए चाय पीजिए...फ़्लू वाली बनाई है।"

"क्यों...? मुझे तो फ़्लू नहीं है।"

"वह तो साबजी को भी नहीं है। मगर उन्होंने यही चाय बनाने को कहा था। आप भी यही पी लीजिए।"

आपा को ये फ़्लू की चाय बहुत कड़वी लगती है पर जहाँ जीवन की बाक़ी कड़वाहटें पी रही हैं, उसी तरह फ़्लू की चाय को भी नाक बंद करके मिनटों में गले से उतार सकती हैं। जीवन की कड़वाहट के लिए तो आँख और कान बंद रखने पड़ रहे हैं...और साँस रुकने लगती है।

आपा ने बोन-चाइना का मग धीरे से उठाकर साइड-टेबल पर रख लिया। आपा की नाज़ुक उँगलियाँ बोन-चाइना के नाज़ुक मग को पकड़ने में भी काँप गईं।

"अगर आप यहाँ सो गईं तो सोते से उठने में आपको दुख होगा।"

"आपके कमरे का टी.वी. लगा दूँ?" प्यार से चुमकारते हुए बीबी ने पूछा।

मैं तो हर समय ही सोती रहती हूँ। अगर जागूँगी तभी तो दुख होगा...! आपा ने सोचा और जल्दी से अपने गोरे-गोरे पैर चप्पल में डालने लगीं तो बीबी ने लपक कर चप्पल में उनका पैर पकड़ कर ठूँस दिया।

"अरे ये क्या करती हो कहते हुए चप्पल घसीटती हुई आपा अपने कोने में

घुस गईं।

सोचा था अगर एक औरत घर में रख लूँगी तो मेरे बुढ़ापे में मेरे सूखते हुए शरीर में तेल डालेगी, मुरझाते हुए चेहरे, धुँधलाती हुई आँखों में ताज़गी की एक चुटकी भी डालेगी तो कुछ और दिन गाड़ी चलती रहेगी पर...

"दरवाज़ा बंद कर दूँ?" बीबी ने पूछा।

"जैसा बेहतर समझो..." आपा ने कहा और बात पूरी होने से पहले ही उसने दरवाज़ा धड़ से बंद कर दिया।

आपा टी.वी. के बजाय बंद दरवाज़े के पट पर अपने मन में आते-जाते चित्र देखती रहीं।

"आ गईं तुम...? जहाँ जाती हो वहीं बैठ जाती हो।"

"मैं इंतज़ार करते-करते थक गया...चलो बैठो क्या देखोगी? मैंने रिकॉर्ड कर लिया है...भूख तेज़ लगी है...वैसे ये बताओ खाना कब खिलाओगी?"

"जब आप कहें।"

"नहीं तुम बताओ...!" आवाज़ में मनुहार था।

"बंदिनी देखने के बाद।" शरमाती आवाज़ ने जवाब दिया।

"अच्छा फिर बैठो...इधर ही आ जाओ। इतनी दूर क्यों बैठती हो?"

बीबी दीवार के पीछे जाकर बड़े विक्टोरियन सोफ़े में खो गई, मगर कभी चिक-चिक की और कभी आह-आह की आवाज़ें उभरती रहीं। शायद आज नायिका ने नायक की चोरी पकड़ ली थी। इसीलिए दोनों परेशान थे।

आपा कपड़े बदलकर सीढ़ी की ओर बढ़ी ही थीं कि बड़ी सी ट्रे में बीबी खाना भी ऊपर ही ले आई।

"मैं खाना खाने नीचे ही आना चाहती थी।" आपा ने अपनी ख़्वाहिश का इज़हार किया।

"साबजी को तो मैं खिला चुकी और उनको वही चादर जो आपने खास तौर से उनके लिए बनवाई है उढ़ा दी है। शायद अब तक तो सो भी गए होंगे।"

आपा फिर भी नीचे गई और दीवार के पीछे वह भी खो गई मगर चिक-चिक और आह-आह कैसे करें? ख़र्राटों की आवाज़ से तो टी.वी. भी हार मान गया था। आपा ने चलते चलते एक नज़र साबजी की ओर चुपके से देखा...जैसे वापस जवान हो रहे थे...काश! मेरे लिए भी कभी तो जाग लेते...वह अपने कमरे ही में वापस आ गई। खाने की ट्रे वहीं रखी हुई थी। आपा खाना ठंडा ही खाती थीं। वैद्य जी ने खाना दोबारा गरम करके खाने को मना किया था। बीबी तो सवेरे से ही रात का खाना ट्रे में सजा कर रख लेती। केवल गरम पानी चाँदी के गिलास में डालकर लाना होता। आपा को खाना तो कम पर खाने के आगे पीछे दवाइयाँ

अधिक खानी पड़तीं।

"बीबी तुमने खाना खा लिया?" आपा ने घबराते हुए पूछा कि कहीं बीबी ये ना कह दे कि मैंने तो साबजी के साथ ही खा लिया है।

"मैंने अभी नहीं खाया। ज्योति देखकर खाऊँगी। साबजी सो गए हैं ख़र्राटों का शोर बहुत है इस लिए उनके कमरे में टी.वी. देखने जा रही हूँ।" बीबी ने इतराते हुए कहा।

"क्या मैं भी वहीं देख लूँ?" आपा ने जैसे इजाज़त माँगी हो पर एकदम से घबरा के चुप हो गईं।

बीबी ने बड़ा दिल दिखाते हुए आपा को साबजी के कमरे में अपने साथ बैठकर टी वी देखने की इजाज़त दे दी।

आपा भी बीबी के साथ ज़मीन ही पर सिकुड़ कर बैठ गईं। साबजी के कमरे का गहरा लाल दहकता हुआ दुल्हन के रंग का मोटा गदीला क़ालीन! आपा को आज महसूस हो रहा था कि जैसे उस क़ालीन ने उनको कितनी इज़्ज़त बख़्श दी है कि वे आज बीबी के साथ वहाँ बैठ सकी हैं।

"यह क़ालीन कब बदला गया?" आपा आज बहुत दिनों बाद अपने शौहर के कमरे में दाख़िल हुई थीं।

"आप जब बाहर-गाँव गई हुई थीं।"

"यह रंग किसने चुना?"

"मैंने...!"

आपा चाहते हुए भी आगे कुछ ना पूछ सकीं। क्योंकि वह तो विदेश गई हुई थीं तो उनको क्या हक़ यह मालूम करने का?

"मैं सोचती हूँ मैं भी इसी रंग का क़ालीन डलवा लूँ अपने कमरे में।"

"आपके कमरे में यह रंग अच्छा नहीं लगेगा।"

"क्यों...?"आपा ने पूछा।

"गहरा लगेगा।" बीबी ने बड़े आत्मविश्वास से जवाब दिया।

"अच्छा!...तो फिर क्या अच्छा लगेगा?"

"हल्का नीला रंग..." बीबी ने इंटीरियर डेकोरेटर की तरह बड़े ठस्से से राय दी।"

आपा जिन्होंने इंटीरियर डिज़ाइनर की डिग्री ली हुई है वह भी फ़र्स्ट डिवीज़न में...वे केवल हल्के से मुस्कुरा सकीं...

भाईजान के चेहरे के रंग की ज़िम्मेदार तो वह हो सकती है...पर अब तो उनके कपड़ों के रंग, टाई के रंग, कमरे के दरो-दीवार के रंग सभी बीबी ही चुनती है...

"आपा अब जाकर सो जाइए। मैं साबजी को जगाने जा रही हूँ। अब वे अपने कमरे में आकर सोएँगे।"

आपा सोचने लगीं जब वे दुल्हन बन कर आई थीं तो दूल्हा बने हुए 'उन्होंने' गोद में उठाकर लाल-लाल गुलाब की बिखरी हुई पत्तियों पर इस तरह प्यार से सँभाल कर रखा था कि कहीं दुल्हन को पंखड़ियों से चोट न लग जाए...आपा ने बिखरे वजूद को समेटा और हिम्मत करके शरमाते हुए कहा, "आज मैं भी यहाँ सो जाती हूँ।"

बीबी चौंक गई फिर सँभल कर बोली, "आपको रात को नींद कैसे आएगी?"

"क्यों?" आपा ने मासूमियत से पूछा।

"ख़र्राटे भूल गईं साबजी के...!"

"अरे हाँ...मैं चली अपने कमरे में।"

आपा ने जाते ही अपना कमरा देखा कि क्या इसमें नीला क़ालीन अच्छा लगेगा? वे बीबी से सहमत हो गईं, जबकि उन्होंने क्रीम कलर का इतना ख़ूबसूरत क़ालीन बिछाया हुआ है।

आपा ने बिस्तर में बैठकर किताब हाथ में ले ली। उनकी आँखें तो किताब पर थीं पर ध्यान न जाने कहाँ भटक रहा था। अचानक सीढ़ियों पर चरख़-चूँ की आवाज़ से आपा का ध्यान उस तरफ़ को हो गया। घर की देखभाल न होने के कारण फ़्लोर-बोर्ड के अंजर-पंजर ढीले हो चुके थे। वैसे तो आपा के भी अंजर-पंजर वैसे ही होते अगर मुट्ठी भर-भर गोलियाँ न खा रही होतीं। आपा कोशिश करतीं कि वे भी बीबी ही की तरह तेज़-तेज़ चला करें। मगर वैसे लचक-लचक कर कूल्हों को गोल-गोल घुमाकर तो वे शायद ही चल पातीं। कहते हैं कि बचपन में आपा रेस में हमेशा फ़र्स्ट आतीं थीं। अब जिस रेस में वे दौड़ रही हैं उसकी जीत तो...जीती हुई हार बन गई है। उसका जज तो केवल एक आँख से एक ही ओर देख पाता है, उसकी गर्दन अकड़ कर जम गई है एक ही बिंदु पर।

बिस्तर से निकल आपा हॉल में आईं और फ़ौरन पलट गईं...साबजी की सवारी ऊपर आ रही थी...कंधों पर चढ़ कर-बीबी के। कहीं बीबी ने मुझे देख तो नहीं लिया होगा...? भगवान करे ना देखा हो...! वे लोग ये न समझें कि मैं जासूसी करने लगी हूँ। मैं ऐसा कभी नहीं कर सकती।

आपा का जी चाहा मालूम करें कि वे स्वयं क्यों नहीं ऊपर चढ़ सके। मगर किससे पूछें...? आपा अपनी लंबी गर्दन सीने तक झुकाए जैसे सीने में दिल ढूँढ़ रही हों...उसकी तो शायद किरचियाँ भी भाईजान को चुभ रही होंगी। वे वहीं

टहलने लगीं। भाईजान के कमरे से आवाज़ें आती रहीं। आपा चाहते हुए भी कमरे के भीतर न जा सकीं। आज बार-बार गुलाब की सेज उन्हें आवाज़ देती रही।

बीबी के कमरे की खिड़की खुली थी। आपा को उधर से आता हवा का ठंडा झोंका अच्छा लगा और वे उसी तरफ की खिड़की से हवा खाने चली गईं। कितनी रसीली हवा थी। गार्डन से मोतिया के सफेद फूलों की ख़ुशबू लिये चली आ रही थी। आपा को महसूस हुआ जैसे गुलाब की लाल पंखड़ियों का रंग उड़ गया हो, बस ख़ुशबू रह गई हो। आपा का जी चाहा वे इसी कमरे में सो जाएँ मगर बीबी से पूछा तो है नहीं कि वह आज कहाँ...?

"अरे...आपने यह तो मेरे जैसी ही मैक्सी पहन ली है। बम्बई से आई है ना...?"

"नहीं। हैरड्स से।"

"ये किस शहर का नाम है?" बीबी ने पूछा।

"दुकान का नाम है।"

"साउथहॉल में है क्या?"

"नाइट्सब्रिज में।"

बीबी को ऐसा महसूस हुआ कि आपा तो मुझसे अधिक सयानी होती जा रही हैं। "अच्छा मैं साबजी से पूछ लूँगी, आप तो न जाने क्या-क्या नाम ले रही हैं।"

"आप ये बताइए...क्या पाँच पौंड का नोट होगा?"

"इस वक़्त नोट की क्या आवश्यकता आ पड़ी...?"

"भाईजान की नजर उतारनी है। उनकी तबीयत ठीक नहीं रहती।"

हाथ की चौड़ी सी खुरदुरी गहरी खुदी हुई क़िस्मत की लाइन वाली हथेली पर सात लाल मिर्चें रखे खड़ी थी। आपा का पर्स उठा लाई और मचलती हुई नीचे चली गई।

आपा मौक़ा पाकर उनके कमरे में गई की तबीयत मालूम करें। वे आँखें बंद किए लेटे हुए थे।

"कौन है...बीबी...?"

"जी साबजी..." आपा के मुँह से बीबी के ही अंदाज़ में आवाज़ निकल गई।"

"ज़रा जूते उतार दो और ड्रेसिंग रूम से चप्पल भी ला दो।"

आपा ख़ामोशी से जूते उतारने लगीं...

"अरे आज तूने पैरों को चूमा नहीं?"

आपा ने चुपके से अपने रसीले होंठ पैरों पर रख दिए और ख़ामोशी से ड्रेसिंग रूम की तरफ चली गई–चप्पल लाने।

नाक में मिर्चों की झाल भरी जा रही थी। वे डरीं कहीं खाँसी न आ जाए। बीबी के क़दमों की चाप क़रीब आती जा रही थी और आपा के क़दम कमरे से दूर भाग रहे थे।

जल्दी से बाथरूम में घुस जाना चाहती थीं कि पीछे से आवाज़ आई।

''आपा मैं जल्दी से बाथरूम हो लूँ? आप तो लंबे टैम के लिए जाती हैं।''

''नहीं मैं जल्दी निकल आऊँगी,'' कहते हुए आपा ने बाथरूम का दरवाज़ा बंद कर लिया और बीबी ही की तरह जल्दी से बाहर आ गईं। बीबी ही की तरह कुर्ता भी पैजामे में खुँसा रह गया था। हालाँकि उनकी आदत थी बाथरूम में बैठ कर मैगज़ीन पढ़ने की।

''आप तो आज मेरी तरह तीन ही मिनट में बाहर आ गईं...!''

''अब तो तुम से ही जीना सीखना होगा।'' आपा ने साँस रोककर अंदर ही अंदर सोचा और अपने कमरे की ओर चली गईं। उन्होंने देखा ही नहीं कि बीबी किधर को गई। शायद वे देखना भी नहीं चाहती थीं।

जो न देखा जाए उसके लिए यह तो सोचा जा सकता है कि शायद मैं ही ग़लत हूँ पर अगर देख लिया तो जो दर्द होगा उसकी दवा कहाँ से लाएँगी...? इस लिए बहुत सी बातों को देखने समझने या मालूम न करने ही में भला है...मन को धीरज देते रहना चाहिए बस...जैसे गरमी से चिटख़ती हुई मिट्टी पर पानी डाल देने से कुछ समय के लिए भाप सी उठती है दरारें बंद हो जाती हैं। सोंधी सी महक भी उठने लगती है पर फिर जैसे ही हालात बदलते हैं मिट्टी चिटख़ने लगती है...ख़ुशबू भी ख़त्म हो जाती है...केवल दरारें ही रह जाती हैं...!

साबजी के कमरे का दरवाज़ा धीरे से बंद हुआ, आपा चौंकी पर स्थिर बैठी रहीं। साँस भी रोक ली क्योंकि वे जानना नहीं चाहती थीं कि बीबी ने साबजी के कमरे का अंदर से दरवाज़ा बंद कर लिया है या अपने कमरे की ओर आने वाली है...? बीबी और आपा का कमरा आमने सामने ही है। सेज की पत्तियाँ सूखते ही आपा का कमरा अलग कर दिया गया था कि 'उनको' किसी के साथ सोने से नींद नहीं आती, आपा के हिस्से में कोने वाला छोटा सा कमरा आया था और कमरे से बाहर शावर–रूम जिसमें हिलना भी कठिन होता। हर चीज़ की तरह उस शावर–रूम की साझेदार भी बीबी बन गई थी।

आपा बीबी की राह देखते–देखते बैठे–बैठे ही सो गईं। टी.वी. चलता रहा। टी.वी. की पीली–पीली हिलती हुई रोशनी आपा के मुँह पर चमकती रही...आपा सोती रहीं। उनको आदत हो गई थी हर हाल में आँखें मूँद लेने की।

आपा चाय पी लीजिए। बीबी के बालों पर पानी के मोती जैसे क़तरे चमक रहे थे आँवले और शिकाकाई की महक का भभका पूरे कमरे में फैल गया था। आपा ने अपनी बड़ी-बड़ी भारी पलकों के साथ आँखें खोलीं तो देखा कि बीबी बोन चाइना का मग उनके मुँह के सामने कर के ऐसे टेढ़ी होकर खड़ी हो गईं जैसे बॉलीवुड का विज्ञापन बन गई हों। केवल अलापने की कमी रह गई थी। आपा ने मग पकड़ा तो उनके हाथों की ठंडक से मग भी ठंडा हो गया था और हाथ काँप रहे थे।

"आपा आपकी नींद पूरी नहीं हुई? आँखें कसी-कसी और आप थकी-थकी लग रही हैं। मग मेज़ पर रख दूँ?"

"ऐसा नहीं है। मैं बराबर सो ही तो रही हूँ...!"

"आपका नाश्ता लगा दूँ? आ जाइए, मैं भी करने जा रही हूँ...आज गरम पहन कर बाहर निकलिएगा हवा छूटी हुई है...मुझे भी भाईजान का नुस्खा लेकर दवा लाने जाना है।" सुबह होते ही बीबी ने अपनी पूरे दिन की दिनचर्या का बिगुल बजा दिया।

आपा बिस्तर से निकलीं और सीधी शावर में जाते-जाते बीबी से कहा, "मुझे भी आँवला शिकाकाई ला दो, बाल धोने हैं। और हाँ साबजी का नुस़्खा भी मुझे दे दो। मैं द़वा ले आऊँगी।"

"नहीं आपा अभी जल्दी क्या है। अगले महीने मैं हौलिडेज पर जाऊँगी तब आप ही को साबजी का सारा काम करना होगा। बिलकुल ऐसे ही जैसे मैं करती हूँ...!"

आपा काँप गईं कि क्या वे इतनी सहजता और सरलता से सब कुछ कर भी पाएँगी?...और क्या अब उनको मेरा काम पसंद भी आएगा...! क्या वे मुझे भी 'तू' करके प्यार से बुलाएँगे। आज आपा को 'तू' में कितना प्यार दीख पड़ रहा है। उनके परिवार में तो 'तू' कहना बुरा समझा जाता था। कहते थे कि क्या पंजाबियों की भाषा बोलनी शुरू कर दी है? आपा को यह शब्द तब भी प्यारा लगता था और आज तो तरस रही हैं उस 'तू' के लिए जिसमें अपनाइयत है, प्यार है, बेतकल्लुफी है और ना जाने क्या-क्या छुपा है इस 'तू' में। भगवान को भी तो अच्छा लगता है 'तू' कहलवाना।

"शायद मुझे जाने से पहले आपको ट्रेनिंग देनी पडेगी आप तो सब कुछ भूल भाल गई होंगी!"

वार पर वार किए जा रही थी बीबी और आपा चुप साधे अपने अतीत में डूबती चली जा रही थीं। नीच लोगों से सामना करना आपा को आता नहीं था। नीच सोचकर ही आपा चौंक गईं कि कहीं बीबी ने सुन ना लिया हो! मगर ऐसा

नहीं था; बीबी अपनी छोटी-छोटी अंदर को धँसी चिंगारी जैसी आँखों से आपा के चेहरे के उतार-चढाव अनपढ़ होते हुए भी पढ़ने का जतन कर रही थी।

आपा चिंतित हो गईं जैसे चोरी पकड़ ली हो बीबी ने।

''ठीक है, जाने से पहले समझा देना सब कुछ।'' आपा ने घुटी-घुटी आवाज़ में कहा और थूक ऐसे ज़ोर से गटका कि बीबी की आँखें चमक उठीं। यही तो वह चाहती थी...आपा सफल न होने पाएँ। परेशान हो जाएँ...अगर साबजी को कहीं आपा की आदत फिर से पड़ गई तो वापस आकर फिर से नये सिरे से जाल बुनना होगा...मकड़ी के जाल को हवा का हलका सा स्पर्श भी बिखेर देता है। बीबी फिर से बिखरना नहीं चाहती थी। अपने वतन, अपनी झोंपड़पट्टी छोड़कर परदेस में जम जाना कोई आसान काम नहीं होता...फिर बिलायत में बर्फ की ठंडक। अंग्रेज़ी बोलते भारतीय मूल के बच्चे, सर्दियों में काले-काले नंग-धड़ंग ऊँचे-ऊँचे पेड़ और ऊपर से काली-काली, लंबी-लंबी रातें...अगर साबजी न होते तो रात काटे ना कटती...

बीबी वह अँधेरा फिर से अपने जीवन में नहीं आने देगी...उसने प्रण किया अपने से और आपा की ओर देखे बिना ऊपर चढ़ गई...विजेता बनकर। अपनी छोटी सी गरदन अकड़ाए...छाती आगे को निकाले। जब से मोटापा चढ़ता जा रहा था तब से दुपट्टा भी सर से उतरता सीने से ढलकता हुआ अलमारी में बंद हो गया था। मुम्बई से जब जन्म-दिन के जोड़े आते, बूढ़ा पति बड़े चाव से गोटा किनारी लगा दुपट्टा भेजता तो बड़ी लहरा कर उसका मज़ाक़ उड़ाती। मालूम नहीं उनको कि मैं बिलायेत में रहती हूँ...यहाँ क्या करना इस गोटा किनारे वाले दुपट्टे का?

आपा ने देखा बीबी महीना भर पहले ही से धीरे-धीरे सामान जमा करने लगी थी। साबजी के साथ घर का सौदा लाने जाती क्योंकि साबजी ने घोषित कर दिया था कि अब वे आधे रिटायर होने के बाद से घर की शॉपिंग आप ही करेंगे जिससे उनके बदन में चुस्ती बाक़ी रहे। इसलिए अब आपा को घर चलाने के पैसे भी नहीं मिलेंगे और घर की ग्रॉसरी भी 'वे' आप ही लाएँगे 'सेंज़बरी' से। बीबी मदद करने जब उनके साथ बन-सँवर कर बाज़ार जाती तो कुछ न कुछ अपने लिए भी लाती और आपा को हँस-हँस कर दिखाती कि ये मैंने घर ले जाने के लिए अपने पैसों से लिया है। आपा जवाब में सिर्फ़ अपनी ख़ामोश मुस्कुराहट ही बिखेर सकती थीं। उनका ख़ानदानी बैकग्राउंड इजाज़त नहीं देता था ओछी बात कह देने के लिए।

आपा शायद इंतज़ार करने लगी थीं बीबी के चले जाने का...पर उनको स्वयं भी नहीं मालूम था कि क्यों...? आख़िर वे ऐसा क्यों चाहती हैं? साबजी की

तरफ़ से तो वे स्वयं भी जैसे जाड़ों वाली बरफ़ बन गई हैं। वह बरफ़ जो खिड़की के छज्जे से लटकी सूरज की राह तकती है, जिसकी गरमी हासिल कर पिघल कर पानी बन मिट्टी की गोद में समा जाने को, मुक्ति मिल जाने को। वे सर्दियाँ जिन में बीबी को तो गरमाहट मिल जाती है, और आपा स्वयं ठंडे पानी जैसे बिस्तर की सिलवटों पर गर्मी के लिए तरसती, तड़पती देर तलक नींद की राह तकती धीरे-धीरे आँखें मूँदती सो जाने का प्रयत्न करती रहती हैं।

आजकल आपा से कुछ आशाएँ छेड़-छाड़ करती रहती हैं। कुछ रोशनी उनको भी नज़र आने लगी है। पर कभी-कभी वे डर सी जाती हैं कि मैं ऐसा क्यों सोचने लगी हूँ। मगर आशा तो आशा ही होती है आशा न हो तो इन्सान का जीना दूभर हो जाए और फिर आशा पर तो किसी का पहरा नहीं होता...! आपा को भी हक़ था कुछ उम्मीदें, कुछ आशाएँ अपने मन में सजा लेने का। अब उनको बिस्तर से भी कोई शिकायत नहीं रह गई थी। सोचती थीं कि थोड़े दिनों ही की तो बात है, बीबी के जाते ही मैं सब कुछ वैसे ही करूँगी जैसे यह करती है...

उस दिन घर में सन्नाटा सा था...ऐसा महसूस हो रहा था जैसे कोई मौत हो गई हो। बीबी हर काम दो दो बार करने लगती थी। दुबारा चाय ले आई, "आपा, सॉरी चाय देना भूल गई थी। अरे आप चाय पी तो रही हैं...क्या मैंने चाय दे दी थी आपको?" आज लहरा कर नहीं, ख़ामोशी से गरदन झुकाए कमरे से निकल गई...आपा मग लेकर कमरे से निकलीं तो बीबी सीढ़ियों पर ख़ामोश बैठी थी...साबजी का चाय पिया हुआ मग दोनों हाथों में दबोचे हुए। आपा को देख कर जल्दी से उठ कर उनका भी मग हाथ में लेकर नीचे चली गई। आज साबजी के ऑफ़िस जाने के बाद टैक्सी से उसे भी चले जाना था। आपा को आश्चर्य था कि साबजी एयरपोर्ट नहीं ले जा रहे...?

आपा मौक़ा पाते ही सवेरे उठ कर चाय बनाकर ले आईं। दोनों की चाय एक ही डिज़ाइन के दो रंगों के मगों में दोनों मगों पर लव यू लिखा था। एक गुलाबी और दूसरा नीला था। जब वे दोनों स्विटज़रलैंड गए थे तो वहाँ से इंटर्लाकन की एक दुकान से ख़रीदा था। दोनों अकेले वक़्त गुज़ारने एक साथ एक दूसरे के होकर रहने ज़्युरिख से दोस्तों का साथ छोड़ इंटर्लाकन की खूबसूरत पहाडियों पर चले गए थे।

साबजी बाथरूम से निकले, चाय देख कर खुश हुए। टी.वी. लगाकर ख़बरें सुनने लगे...दोनों ने चाय ख़त्म की तो आपा ट्रे में मग रखती हुई नाश्ते का ऑर्डर लेने लगीं। "उससे आपने नहीं पूछा कि मैं क्या नाश्ता करता हूँ...? मेरा सीरियल, एक उबला अंडा हाफ़ बॉएल्ड हो, एक राइस क्रैकर सेब काट कर

और फिर जब माँगूँ तो कॉफ़ी ले आइएगा।'' आपा ख़ुश हुईं कि उनको भी बीबी की तरह ऑर्डर मिल गया...कुछ बात बनती नज़र आने लगी।

नाश्ता लेकर ऊपर आईं तो हाथ काँप रहे थे। ट्रे भारी हो गई थी...मगर इतना सब खाकर वे पेट क्यों नहीं भारी महसूस करते? आपा ने सोचा और जल्दी से उनकी तरफ देखने लगीं कि कहीं सुन तो नहीं लिया! टाई की गिरह नहीं लगा पा रहे थे शायद आदत छूट गई थी। गिरह लगाकर कॉलर कस-कस कर खींचकर बंद करना पड़ा तो इतना कस गया था कि बटन की जगह गरदन पर चुनन पड़ गई थी। आपा खड़ी सोचती रहीं कि अब क्या करना चाहिए...जल्दी से जूता ढूँढ़ने लगीं। ''अरे! आप तो जूता पहन भी चुके!'' मुँह से बस अचानक ही निकल गया। आप को बहुत पुरानी बात याद है कि मैं जूता आख़िर में पहना करता था...ब्रीफ़ केस नीचे पहुँचा दीजिए।''

आपा ब्रीफ़केस लेकर बिलकुल बीबी की तरह उसको सीने से लगाए नीचे उतर गईं। कपड़ा लेकर कस कस कर घिस घिस कर चमकाने लगीं। फाइनेंशियल टाइम्स उठाकर ब्रीफ़केस पर रखा और खुश हुईं कि मैं तो सब कुछ वैसे ही बिलकुल बीबी की तरह ही कर रही हूँ...'वे' खुश होंगे मेरे कामों से भी। यह सोचकर खूबसूरत होंठ गाल समेत ऊपर को चढ़ गए, प्यारी सी मासूम मुस्कुराहट चेहरे पर फैल गई। आँखें शर्म से झुक गईं। सामने ही बड़ा सा शीशा लगा था, उसमें नज़र पड़ी तो कुछ सिहर सी गई। चुपके से उठीं और गाउन उतारकर एक तरफ डाल दिया। सफ़ेद बारीक नाइटी सीने की ऊँचाई से नीचे को गिरती हुई उज्ज्वल, शीतल झरने जैसी मालूम होने लगी। जैसे पहले उनको रुख़सत किया करती थीं...वे कैसे दबोच लिया करते थे...उनकी चीख़ सी निकल जाती थी...क़दमों की आहट से सतर्क हो गईं और सिहर भी गई कि कहीं...आज शायद वे मना कर दें कि ऑफ़िस नहीं जाएँगे। वे धीरे-धीरे चलते हुए नीचे आ रहे थे, मोबाइल कान से लगा हुआ था...चुपके-चुपके मद्धम सुरों में बात कर रहे थे...आपा नीचे खड़ी सफ़ेद नाइटी में ख़्वाबों के ताने बाने बुन रही थीं और कहीं बहुत दूर से समुद्र की लहरों से टकराती हुई आवाज़... धाड़ें मारती कानों से टकराई...

''तू जल्दी वापस आ जा...मैं तुझको बहुत मिस कर रहा हूँ...!''

कच्चा गोश्त

बित्ते भर का क़द और दस गिरह लंबी ज़बान!...और जब यह ज़बान कतरनी की भाँति चलती तो बृजबिहारी बहादुर भी बगलें झाँकते दिखाई देते। भिड़ के छत्ते को छेड़ने से पहले सोचना चाहिए था न कि पंचायत के सरपंच बने बैठे हैं। और दबदबा ऐसा कि परिंदा भी पर मारते डरे।

फिर मदनमोहन बेचारे की क्या मजाल कि उनकी मर्ज़ी के ख़िलाफ़ पलक भी झपकाए। सब्बो तो बालिश्त भर की तत्तैया बनी हर समय भिनभिनाती फिरती और जहाँ होता बैठ कर डंक मार कर उड़ जाती।

मदनमोहन चार बहनों पर एक भाई। ऊपर वाले ने मिज़ाज और ज़हन भी ख़ूब दिया था। अभी स्कूल में ही था कि सरपंच बहादुर ने होनहार बिरवा के चिकने पात भाँप लिए थे और उसकी माँ से कह कर उसको घर पर बुलाना शुरू कर दिया था। घर के छोटे छोटे कामों के साथ-साथ कुछ लिखत-पढ़त के काम भी करवा लिया करते थे।

शुरू-शुरू में तो मदनमोहन को भी भला मालूम होता। काम कम था और खाना अच्छा मिलता था, मगर कुछ ही दिनों में उसका हाल भी एक स्विस चाकू जैसा हो गया। स्विस चाकू की ख़ूबी भी ऐसी ही होती है कि कहने को तो चाकू होता है मगर खोलिए तो उसमें दसियों काम करने के पुर्ज़े निकल आते हैं-कैंची, स्टेपलर, इंच-टेप, नाख़ून घिसने की रेती और टूथ पिक आदि-आदि। इसी तरह बेचारा मदनमोहन इस छोटी आयु से ही स्विस चाकू बन गया था।

उसके कामों में शामिल था बृजबिहारी के मोटे बदन को दबाना, मालिश करना, कपड़े धोना, इस्त्री करना, खाना खिलाना; नहाते वक़्त पीठ से मल-मल कर मैल छुड़ाना; साइकिल और इक्के पर बैठा कर घुमाने और सैर को ले जाना; लिखाई पढ़ाई का काम करना; हिसाब-किताब दिखाना; रोज़ सुबह अख़बार पढ़कर सुनाना और ख़बरों की ऊँच-नीच समझाना।

बृजबिहारी बैठक में आते तो अख़बार मुँह के सामने ऐसा ताने बैठे रहते जैसे पूरा अख़बार आज ही चाट डालेंगे। या फिर हो सकता है कि अपनी प्रजा

से मुँह छिपाने का ही कोई तरीक़ा हो। गाँव वालों पर शेख़ी बघारते कि पूरा अख़बार पढ़ कर पूरी दुनिया की ख़बर रखता हूँ और गाँव वालों के सामने पूरे रौब से पूछते, "मदनमोहन, तुझे पढ़ना-लिखना किसने सिखाया?"

मदनमोहन बेचारा अपनी गम्भीर दबी आवाज़ में तोते की तरह रटे हुए अंदाज़ में जवाब देता, "सरपंच जी आपने। आपने ही लिखना-पढ़ना सिखाया है।" यह जवाब देकर पैर के अँगूठे से ज़मीन पर लिखने लगता और सोचता कि मैं कॉलिज में पढ़ रहा हूँ या फिर सरपंच जी से? फिर अपने आप को समझाते हुए सोचता कि किताबी शिक्षा से कहीं बढ़ कर होती है अमली तालीम।

बस इतना सोच कर ही मदनमोहन काँप-काँप जाता कि कहीं बृजबिहारी उसके विचारों को ताड़ न जाएँ। सरपंच ने गाँव के भोले-भाले वासियों के मन में एक अजब सा डर बैठा रखा था कि जिसके मन में जो भी विचार उठता है वह सरपंच की पोथी में पहले से ही लिखा होता है। हर गाँववासी सरपंच को भगवान का स्वरूप ही मानता। इसीलिए कई बार चाहते हुए भी बेचारे गाँव वाले बृजबिहारी के विरुद्ध कभी एक लफ़्ज़ भी नहीं निकाल पाते। वैसे सच यह भी है कि जिस किसी ने सरपंच के विरुद्ध कुछ भी बोला, उस पर अचानक कुछ ऐसा घटित हो जाता कि वह अचानक लापता हो जाता और कुछ ही दिनों में लोग उसे भूल भी जाते। गाँव वालों के डर का आनंद बृजबिहारी मंद-मंद मुस्कुरा कर उठाता।

मदनमोहन के मन में कभी-कभी यह सवाल भी सिर उठाता कि पिता जी वापिस क्यों नहीं आ जाते? अगर वे आ जाते तो सरपंच जी का काम सँभाल लेते और वह तसल्ली से पढ़ाई कर पाता। उसे पढ़ने का बहुत शौक़ था मगर बृजबिहारी इस बात का ख़्याल रखता था कि कोई इतना न पढ़ जाए कि उसके सामने वह स्वयं अनपढ़ लगने लगे।

मदनमोहन के पिता जगमोहन वर्षों पहले फ़ौज में भर्ती हो गए थे। उनकी पोस्टिंग कश्मीर में हो गई और वे वहाँ आतंकवादियों के विरुद्ध लड़ने चले गए। उन्हें कहाँ पता था कि वे अपने बेटे को बृजबिहारी के आतंक के साए में छोड़ कर जा रहे हैं। जाते हुए अपने पुत्र को समझा भी गए थे कि हमेशा बृजबिहारी को अपना बाप समझे। गाँव का सरपंच बाप-बराबर जो होता है।

आज मदनमोहन को बाप नाम से चिढ़ होने लगी है। वह समझता था कि बाप कंधों पर बैठा कर खेतों की सैर करवाता है; अगर गाँव के शरारती लड़के मारने को दौड़ें तो बाप के पीछे छिपा जा सकता है; बाप के साथ कामों में हाथ बँटाया जाता है और फिर हँसते-खेलते अपने बाप से कल को स्वयं बाप बनने

का ज्ञान पा लेते हैं।

यहाँ बृजबिहारी जो प्रजा का बाप बना बैठा था, उसमें सब कुछ मौजूद था बस बाप के सिवा। फिर भी मदनमोहन इस सोच को अपने दिमाग़ से एक झटके में उतार फेंकता; रोज़मर्रा के कामों में व्यस्त हो जाता। उसे अपने पर हैरानी भी होती कि उसे बृजबिहारी से कुछ लगाव सा भी होने लगा।

दुनिया की ऊँच-नीच पर बैठा आँसू बहा रहा था मदनमोहन जब डाकिए ने आकर उसे एक लिफ़ाफ़ा थमा दिया। नाम उसी का पता उसी का-आज तक कभी किसी ने उसे चिट्ठी नहीं लिखी-फिर यह ख़त? कौन भेज सकता है उसे? लगभग बच्चों की तरह ख़ुशी हुई उसे। ख़त खोला। सबसे पहले ख़त की आख़री लाइन पढ़ी कि भेजने वाला कौन है-तुम सब का पिता जगमोहन! अब आँसुओं को कौन रोकता। बहने लगे। सुरक्षा का अहसास जाग उठा। भागा-भागा माँ के पास पहुँचा क्योंकि बचपन से अपनी हर ख़ुशी माँ के साथ बाँटता, मगर अपने ग़म केवल अपनी तन्हाई के हवाले कर देता। माँ ने भी चिट्ठी की सुनी तो कह उठी, "चिट्ठी! सुना बेटा।"

कश्मीर के हालात, ख़ून ग़ारत, गोला बारूद, विधवाओं की सिसकियाँ और आतंकवादी-सभी कुछ मौजूद था उस चिट्ठी में। "तुम सब की बहुत याद आती है। यहाँ आकर बहुत बड़ी ग़लती कर बैठा। छुट्टी तक नहीं मिलती।...सच तो यह है कि वहाँ भी डरता था और यहाँ भी डर! न जाने कभी डर से निजात मिलेगी या नहीं...न जाने मुझ जैसे लोग पैदा ही क्यों होते हैं। अक़्ल पर पत्थर पड़े थे कि पेट की आग बुझाने के लिए आग में ही कूद पड़ा। मोहन बेटा, तू अपनी पढ़ाई दिल लगा कर करना। और हाँ, मेरे पीछे सरपंच को ही अपना माँ-बाप समझना।

मोहन की अम्माँ चिट्ठी को हाथ में लिये उदास ही बैठी रही। सोचती रही उसका पति कितना भोला है। कहता है-सरपंच पिता समान है। अगर सरपंच बाप समान है तो फिर भला मुझ से ऐसी बातें कैसे कह लेता है। अभी कुछ ही दिन पहले की तो बात है-मीना को बुलवा भेजा और हुक्म दिया कि "मदनमोहन सयाना हो गया है, अब इसका ब्याह कर डाल। घर में बहू आ जाएगी तो मेरा भी भला होगा; बुढ़ापे में काम आएगी।"

मीना से सिर झुका कर कहा था, "सिमी तो अभी पढ़ रही है। ब्याह के लिए कमसिन भी है।" बृजबिहारी ने झटके से उठकर बैठते हुए कहा, "बहू तो मैने ढूँढ़ ली है।"

"सरपंच जी, कौन है वो?"

"अरे भाई सब्बो! सब्बो! अपनी सब्बो।" बृजबिहारी ने अपना निर्णय सुना

दिया। मीना कभी सरपंच जी को देखती तो कभी ज़मीन को अपने पाँव के अँगूठे से कुरेदने लगती। हकबका सी गई...ज़मीन भुरभुरी सी महसूस होने लगी... सब्बो!...उससे तो शायद गाँव का कुत्ता भी शादी न करे। आखिर जानवर भी तो अपनी पसंद से मुँह लगावे है! सब्बो तो किसी और ही दुनिया से आई लगती है।

"तुमने सुना नहीं मीना?...मैं कुछ कह रहा हूँ।"

मीना समझ नहीं पा रही थी कि बृजबिहारी आख़िर क्यों उसके पढ़े-लिखे गबरू जवान बेटे की बलि माँग रहा है।

"ये बात अपने दिमाग में बैठा लो तुम। मदनमोहन का ब्याह सब्बो से ही होगा। चल अब जाकर ब्याह की तैयारी कर। ख़र्चा-पानी मुझसे माँग लेना... और हाँ, सुन, अब तू भी अपने बारे में सोचना शुरू कर। कब तक जगमोहन की राह तकती रहेगी? अरे लड़ाई में जाकर कभी कोई वापिस आया है जो जगमोहन आएगा...तुझे महसूस नहीं होता कि तेरा ये संदली बदन कितना प्यासा है। इसकी प्यास बुझा दे तू अब।" मीना नज़रें झुकाए हमेशा की तरह अंजान बन गई। जवाब देने से डरती थी कि सरपंच जी के मुँह कैसे लगे। अकेली औरत यहाँ हवस के युद्धस्थल में अपनी लड़ाई लड़ रही थी। सोचती है...काश! हम औरतें भी अपने पतियों के संग ही लड़ने मरने चली जाया करतीं। अपने सुहाग की सेवा करतीं पतियों के साथ ही साथ जान दे देतीं। कम से कम गाँव वाले सरपंचनुमा गिद्धों से बचाव हो जाता। पति तो चले जाते हैं अपने देशवासियों को आतंकवादियों की गोलियों से बचाने। और यहाँ गिद्धों के आतंक से अपनी आबरू बचाती लड़ती फिरती हैं उनकी औरतें जिन्हें ये गिद्ध केवल कच्चा गोश्त समझ हड़प लेना चाहते हैं।

यही सब सोचती मीना घर की ओर चली जा रही थी कि सामने से सब्बो मटकने की कोशिश कर रही थी। मीना के भीतर उसे देख कर एक उबाल सा उठा। लगता था प्रकृति जैसे उसकी गर्दन बनाना ही भूल गई थी। धड़ लंबा और छोटी टाँगें। कंधे को एक तरफ़ झुकाए हुए थी। वह अपनी छोटी-छोटी टाँगों से मीना की तरफ़ लगभग भागी चली आ रही थी...उसे पहले से ही मालूम था कि सरपंच आज मदनमोहन की माँ को क्या फ़ैसला सुनाने वाला है। सारा गाँव उसे बुद्धू समझता था, मगर वह अपने मामले में पूरी काइयाँ थी।

मीना जल्दी से पगडंडी बदल खेत खेत होती घर की ओर तेज़-तेज़ क़दमों से चलने लगी। सोचती जा रही थी कि जबसे सयानी हुई है बृजबिहारी को सर पर सवार पाया है।

बृजबिहारी अपने माँ-बाप की दर्जन भर बच्चों में से एक था। अब तो उसे

अपना नम्बर भी ठीक से याद नहीं। बाप बचपन में ही चल बसा था। माँ ने अकेले ही पालन पोषण किया था। बचपन से ही बृजबिहारी को पंचायत लगाने का शौक़ था। बातें ख़ूब बघारनी आती थीं। गाना-बजाना, खाना-पीना सभी तरह के शौक़ थे। उसने एक सेना बना रखी थी जिसका सेनापति बन वह हुक्म चलाया करता। जो भी उसका हुक्म नहीं मानता उसे बृजबिहारी की डाँट मिलती। छोटी सी उम्र में ही बृजबिहारी अच्छा ख़ासा दादा बन गया था। अब वह अपनी माँ की डाँट की परवाह भी कहाँ करता था।

अब लूटपाट भी बृजबिहारी की गतिविधियों का हिस्सा बन गई। खेतों, खलिहानों, बाग़ों और घरों से जो चाहता उठवा लेता। न जाने क्यों सब उसका कहा सुनते और मानते-उसकी श्याम छवि में शायद कुछ ऐसा आकर्षण होगा कि वह किसी से भी अपनी बात मनवा लेता। उसकी ज़बान में कुछ ऐसा जादू था कि वह अपने ग़लत कामों को भी सही साबित कर लेता। गाँव के बड़े बूढ़े तक उसकी चक्करबाज़ी के जाल में फँस जाते। अपनी बातचीत की इसी तेज़ी के चलते नौजवानों का सहारा लेकर गाँव का सरपंच बन बैठा। गाँव के सभी क़ायदे कानून पीछे रह गए कि किसी बड़े बुज़ुर्ग को ही सरपंच होना चाहिए। लोकतंत्र में गुंडे बदमाश बहुत काम आते हैं। पंचायत के चुनावों में बस वही वोट डालने जा पाए जिन्हें बृजबिहारी के गुंडों ने जाने दिया। उसके बाद से आजतक कोई भी उसे सरपंच की गद्दी से हटा नहीं पाया। गाँव के बुज़ुर्ग कभी-कभी सर जोड़ कर बैठते और गाँव के अच्छे दिनों को याद करके आहें भरते। और फिर अपने बूढ़े शरीर को घसीटते हुए घर की ओर जाती हुई पगडंडियों में गुम हो जाते। जब कभी किसी ने बृजबिहारी के ख़िलाफ़ आवाज़ उठाई, उसकी ऐसी बेइज़्ज़ती होती कि सामने वाला शर्म से मर-मर जाता। सच बोलने वाला मुजरिम बन जाता और गुनाहगार बृजबिहारी अपनी राजगद्दी पर बेशर्म मुस्कुराहट बिखेरता रहता।

उसकी इसी बेशर्मी ने सब्बो तक को न छोड़ा था। शराब के नशे में सब्बो भी ख़ूबसूरत लगती होगी, तभी तो एक दिन गाँव की दाई को बुला कर सब्बो को उसके हवाले करते हुए कहा, ''देख दाई अम्माँ! यह गाँव की छोरियाँ कहाँ-कहाँ से सामान उठा लाती हैं! अब मैं किन-किन बातों का ख़्याल रख सकता हूँ।''

सब्बो सब सुन रही थी। ख़ामोशी से दाई अम्माँ के पीछे पीछे चली गई। मगर चार दिन बाद ही लौट आई। अब वह भीगी बिल्ली नहीं घायल शेरनी लग रही थी। गाँव वालों के सामने सरपंच की लंबी नाक काटने को तैयार। वह चिल्लाए जा रही थी, ''सरपंच जी तुम तो गाँव वालों के माई बाप हो। अब इस

अबला को अपनी पत्नी बनाओ। भला इस अभागन से अब कौन शादी करेगा?''

सरपंच घबरा गया। हमेशा एक वार से दो काम निकालने वाला बृजबिहारी लगभग स्तब्ध चकित था। एक लंबे अर्से बाद उसने अपने आपको मजबूर महसूस किया था। हर परेशान औरत से चुंगी वसूल करता था। फिर मामले की तह तक पहुँच कर ही रुकता। मगर यह सब्बो तो पूरी तत्तैया निकली। जिस्म पर चिपक कर ख़ून चूसने लगी। मगर बृजबिहारी ने भी कच्ची गोलियाँ नहीं खेली थीं। उसके दिमाग़ में एक तरकीब आई और होंठों पर मुस्कुराहट। सामने दिखाई दिया मिट्टी का माधो–मदनमोहन! अरे दिमाग़ में पहले यह क्यों नहीं आया? क़ुरबानी का बकरा सामने खड़ा है और सरपंच परेशान! यह ज़रूर बात मान जाएगा और सब्बो से शादी कर लेगा। यही सोच कर उसने मीना से सब्बो की शादी की बात चलाई थी।

और मीना इस शादी की बात सुन पीली पड़ गई थी। चुप! कोई जवाब नहीं। सब्बो बेचैन–बृजबिहारी के इर्द गिर्द भिनभिना रही थी। पहली बार बृजबिहारी की कमज़ोरी उसके हाथ लगी थी। मगर जब बृजबिहारी ने मदनमोहन के साथ शादी की रिश्वत दी तो सब्बो खिल उटी। उसकी मर्दानगी को वह हमेशा ही ललचाई नज़रों से निहारा करती थी। उसे लगा कि अब तो भाग्य खुल गए। सारे गाँव नाची नाची फिरी। न्यौता भी आप ही बाँटना शुरू कर दिया।

सब्बो की छोटी बहन नकटो ने जब सब्बो की यह आन बान देखी तो वह भी घुस गई सरपंच जी की सेवा करने। ऐसी घुसी कि कई दिनों तक बाहर ही नहीं निकली। कुछ गाँव वाले बातें भी बनाने लगे थे कि आख़िर यह सब क्या हो रहा है। मगर ऐसे भी थे जो सरपंच को परमेश्वर का रूप मानते। नकटो उनके हिसाब से पुण्य कमा रही थी। सरपंच को जब कोई नया शिकार मिलता, तो बस ख़ुद ही पकाता और ख़ुद ही खाता। वैसे कभी–कभी कुछ बचा खुचा अपने उन साथियों के सामने भी फेंक देता जो मुँह से लार टपकाते शिकार को निहारते रहते। और फिर साथियों पर रौब गाँठता, ''भाई हम अकेले कभी नहीं खा सकते। बाँट कर खाने का मज़ा ही अलग है।''

सब कुछ समझते हुए भी साथी लोग चुप रह जाते। ऐसा बहुत बार होता कि कोई नई लड़की या औरत दिखाई देती और बृजबिहारी तीन चार या अधिक दिनों के लिए अपने कमरे में बंद हो जाता। और फिर जब बाहर आता तो पंचायत लगा कर बैठ जाता। ऐसा चीखता–चिंघाड़ता जैसे बाहर बैठे रात–दिन काम करने वाले तो ऐश कर रहे थे और वह नकटो जैसी किसी के साथ बंद

कमरे में उसकी टूटी नाक गढ़ रहा है। सभी साथी सब कुछ समझते थे मगर बस अपनी भाग्य रेखाओं से नाराज़गी व्यक्त कर लेते।

जब गाँव वालों तक ख़बर पहुँची कि बृजबिहारी मदनमोहन का विवाह सब्बो के साथ करवाने पर तुला हुआ है तो वे भौंचक्के रह गए। क्या अन्याय है! कितना ज़ुल्म है? बेचारे मदनमोहन ने ऐसा कौन सा पाप कर दिया था जिसकी इतनी बड़ी सज़ा उसको दी जा रही है। कितनी सेवा करता है बेचारा सरपंच जी की और इसका यह बदला!

मीना अपने बेटे के लिए गाँव भर से ख़ुशामद करती फिरी। उसके बेटे को सरपंच की हवस की भेंट चढ़ाया जा रहा था। कोई तो उन पर दया करके बृजबिहारी से बात करे। सब्बो से शादी की ख़बर सुन कर मदनमोहन जैसे मनो बोझ के नीचे दब गया था। मगर वहाँ तो सब बृजबिहारी के क्रोध से डरे हुए थे। इंसाफ़ माँगे तो कौन? सब्बो के अतिरिक्त भला किसमें दम था कि बृजबिहारी के विरुद्ध आवाज़ उठा सके। भला वह क्यों कुछ कहती। उसके ही तो मन की कर रहे थे सरपंच महाशय। वह कब से अपनी छोटी-छोटी धँसी हुई आँखें लगाए हुए बैठी थी। वह अपने होने वाले विवाह के लिए ख़ुद ही कभी दर्ज़ी के पास पहुँच जाती तो कभी रंगरेज़ के पास।

उसे कोई फ़र्क नहीं पड़ता था कि कोई भी उसकी ख़ुशी में शामिल होने को तैयार नहीं हो रहा था। सब मदनमोहन के शोक में संतप्त थे। सबके मुँह पर एक ही बात-बेचारा बेमौत ही मारा जाएगा। सब्बो जब ख़ुशी में दाँत निपोरती तो पायोरिया से ग्रस्त मसूढ़े पूरी फ़िज़ाँ में बदबू फैला देते। मगर उसे क्या फ़र्क पड़ता। वह हर वक़्त गुनगुनाती और ठुमक-ठुमक इधर से उधर फुदकती रहती। सुनार के पास जाकर माथे का टीका अपनी छोटी सी पेशानी पर सजा कर देखती। घुँघराले काले बाल छप्पर की तरह चेहरे के चारों तरफ़ छा जाते। छोटी गर्दन, तंग पेशानी, बाहर को निकले दाँत जैसे डारविन की थ्योरी का शाहकार मालूम होती थी।

मदनमोहन अभी तक कुछ समझ नहीं पा रहा था। सारी उम्र गधा बन कर सेवा की सरपंच की। बाप समान माना। कभी-कभी अपने मन को समझाने लगता कि सरपंच भी उसे प्यार करता है। नहाने के लिए ख़ुशबुदार साबुन और साल भर में दो जोड़े कपड़े भी लेकर देता है। और आज तो सरपंच ने बहुत से नये कपड़े बनवा कर दिए हैं। नया जूता भी। जी चाहता है कि इसी नये जूते से सरपंच की सेवा करे। अब तो शादी का दिन सिर पर खड़ा है।

दुल्हन बनी सब्बो के लिए समय काटना मुश्किल हो रहा था। वह बेचैन थी मदनमोहन को दूल्हे के रूप में देखने को। पंडित जी ने पूजा शुरू कर दी।

मदनमोहन को आवाज़ दी। मगर वह घर में होता तो आता ना। किसी ने बताया कि उसने मदनमोहन को शाम के समय बरगद वाले मंदिर की तरफ़ जाते देखा था। एक-एक कर सभी लोग उठ कर घरों को वापिस चलने लगे।

अब सब्बो भी थकने लगी थी। बृजबिहारी भी अभी तक नहीं पहुँचे थे। सब्बो ने अपने दुल्हन के परिधान की चिंता नहीं की...बस उठी और चल दी सरपंच के घर की ओर।

सीप में बंद घुटन...

आज वह घुट रही थी कि रवि चुप क्यों है...!

जब रवि की बड़ी-बड़ी शरबती आँखों में शीला की गहरी काली-काली आँखों ने झाँका था तो रवि ने अपनी आँखें ऐसे बंद कर ली थीं जैसे उसने शीला के पूरे वजूद को अपनी लंबी लंबी पलकों वाली आँखों में समा लिया हो...उसको अपने साए में सुरक्षित कर लिया हो...मोती को सीप में बसा लिया हो हमेशा के लिए!

उस शाम दोनों उस पार्टी में आँखों ही आँखों में एक दूसरे से बातें करते रहे-बिलकुल लेज़र लाइट की तरह एक दूसरे का पीछा करते रहे। जैसे ही शीला चुपके से उसकी ओर देखने की हिम्मत करती वो एकदम से अपनी नज़रों से प्यार की हल्की सी फुहार बरसा देता और दोनों मीठी सी मुस्कराहट के साथ आस-पास के लोगों की ओर जल्दी-जल्दी देखने लगते कि कहीं किसी और को उनके सितारों भरे आकाश और हर ओर बिखरी चाँदनी का अहसास तो नहीं हो गया...! आज चीखते चिंघाड़ते ऑर्केस्ट्रा से भी उनको बाँसुरी की सुरीली धुन सुनाई दे रही थी...शहनाई की आवाज़ गूँज रही थी...हर ओर ऊर्जा की बचत करने वाली बत्तियों की मरी सी दूधिया रोशनी भी उनको नीली-नीली चाँदनी बरसाती हुई नज़र आ रही थी।

ऐनी और श्याम की ये सातवीं वेडिंग-एनिवर्सरी थी। दोनों इस लिए बहुत खिले जा रहे थे कि उन्होंने जैसे आज टेनिस का डबल टूर्नामेंट जीत लिया हो। सेवेन-इयर्स इच से वो भी डरे हुए थे...अंग्रेज़ों ने भी ये वहम बैठाया हुआ था कि अगर सात साल शादी के निकल जाएँ तो समझो शादी आगे भी चलेगी। हालाँकि अब तो दो साल भी गुज़र जाने पर लोग अपने आप को बधाई देते देखे गए हैं। अब एक दूसरे की कमज़ोरियों को बरदाश्त करने की सहनशीलता और माफ़ कर देने की नम्रता शायद शब्द-कोष से विदा हो गए हैं!

रवि ने कितनी बार श्याम को फ़ोन करके मालूम करना चाहा था कि वो महिला कौन थी जो उसके फ़ंक्शन में आई थी जिसे देखकर रवि को अपनी

पत्नी से और अधिक चिढ़ सी होने लगी थी।...ऐसी भी तो लड़कियाँ होती हैं जिनकी आवाज़ में भैरवी के कोमल सुर हो...जिनके देखने से रोम-रोम झूम उठे और जो मधुरता में संगीत की धुन बन जाए। श्याम ना जाने क्यों रवि का प्रश्न हर बार टाल जाता पर दूसरे मित्रों को स्वयं ही आप उसका नम्बर बता देता।

एक दिन शीला कहीं जाने के लिए बाहर निकल रही थी कि दरवाज़े की घंटी बजी और उसने ये सोचते हुए कि कौन इस समय बिना बताए चला आ रहा है। दरवाज़े को चेन पर लगाकर दराज़ से एक आँख से झाँकते हुए ''कौन है'' पूछा। आवाज़ में थोड़ी सी घबराहट थी, ''छमा कीजिएगा मैं बिना बताए चला आया हूँ, उस दिन श्याम के यहाँ आपसे मुलाक़ात हुई थी। बातें भी हुई थीं कि आपने कहाँ पढ़ाई की है और आप आजकल क्या करती हैं।''

''जी ठीक है आ जाइए, मेरे पति भी बस नीचे आने ही वाले हैं'' कहते हुए शीला ने कुंडी हटाकर दरवाज़ा खोल दिया। अंदर आते हुए, आने वाले ने सर से सोला हैट उतारकर झुकते हुए अंग्रेज़ी नमस्ते किया और शीला ने जल्दी से हाथ पीछे को कर लिए कि कहीं घुटने मोड़ते हुए हाथ को चूमने के लिए दबोच ना ले। उसको कुछ कुछ याद तो आया था कि महोदय कहाँ मिले थे पर उनका घर आ जाना कुछ समझ नहीं पा रही थी शीला। पति के नीचे उतरने की ध्वनि से वो फिर से उठ कर खड़े हो गए। और हाथ मिलाते हुए बताया कि फ़िल्म निर्माता है...''कैसे आना हुआ?'' पति ने सीधा सवाल पूछ लिया, सोचते हुए कि आज शीला कि चोरी पकड़ी गई। वह फिल्मों में जाना चाह रही है। पति को पहले दिन से यह ख़्याल परेशान करता रहता था कि सुंदर स्त्री से विवाह कर के निबाह लेना आसान बात नहीं है। ''शीलाजी ये आपको कहाँ मिले?'' पति के सीधे सवाल से प्रोड्यूसर साहेब घबरा गए। शीला ने बता दिया पर बारीक़ी बताना आवश्यक नहीं समझा क्योंकि सच्ची बात ये थी कि उसे स्वयं ही नहीं मालूम था कि महोदय कैसे पधारे हैं। आप लोगों से मिलकर बहुत खुशी हुई फिर कभी आऊँगा जब आप लोग बाहर नहीं जा रहे होंगे।'' और तेज़-तेज़ डग भरते आप ही कुंडी खोल जैसे आए थे वैसे ही चले गए।

शीला खड़ी सोचती रही...काश इनकी जगह वो आ गया होता...वो अजनबी जिसने उसे फिर से बहुत कुछ सोचने पर मजबूर कर दिया है...वो जिसको हर समय देखने का जी चाहता रहता है। जिसकी हँसी उसे हवाओं में...बारिश की रिमझिम में और पुरवाई की सरसराहट में भी सुनाई देती है। भला उसने स्वयं क्यों नहीं उस अजनबी का अता-पता मालूम कर लिया...! वह आप ही मालूम कर लेती...उसने सोचा वो कोशिश करेगी...अवश्य करेगी।

इस देश में यहाँ का यह कल्चर बन गया है। अगर गुज़ारा नहीं होता तो

स्वतंत्रता हासिल कर लो। आखिर भारत ने भी तो अंग्रेज़ों से स्वतंत्र कराया था अपने को–अहिंसा द्वारा। वो भी कुछ ऐसा ही करेगी। स्वतंत्र हो जाएगी। छोड़ देगी पति को...पर किसके लिए? वो आप ही आप चिंतित हो गई अपने इस तरह के ख़्याल पर। जल्दी से पति से कहा, "चलिए ना।" पति उसे घूरे जा रहे थे। वो उसे और अधिक कस कर बाँधना चाह रहे थे। दोनों के विचार एक दूसरे के विरुद्ध एक ही समय में समय की धारा के साथ बहे जा रहे थे।

अभी शीला अपने लंबे बालों को लहराती साड़ी का पल्लू सँभालती निकलने ही वाली थी कि उसके मोबाईल की सुरीली घंटी उसके पर्स में बजने लगी।

"पहचाना नहीं आपने?" खनकती सी गहरी आवाज़ शीला के छोट-छोटे लाल होते हुए कानों से टकराई।

"नहीं पहचाना...अरे आप...! आप को मेरा फ़ोन नंबर कैसे मिल गया?...किसने दिया...अरे कमाल हो गया...आप ही हैं ना...?"

"कौन...आप ही...?"

"मेरा नाम 'आप ही' नहीं है...!"

"मेरा मतलब है आप जो वहाँ थे?"

"कहाँ थे?"

"मैं समझ गई।" और वो ख़ुशी के मारे आगे कुछ बोल ही नहीं सकी।

"आप चुप क्यों हो गईं...मैं आपकी आवाज़ सुनने को कब से मारा-मारा फिर रहा हूँ।"

"आवाज़ सुनने को बेचैन तो हुआ जा सकता है पर मारा-मारा क्यों फिरना पड़ता है?" शीला ने आवाज़ की कंपकंपाहट पर काबू पाते हुए पूछा।

हर फंक्शन में पहुँच जाता हूँ केवल इस आशा में कि आप आई होंगी। उस दिन श्याम के घर भी इसी उम्मीद में चला गया था फिर आशा के ग्रुप के साथ 'लव एट फ़र्स्ट साइट' भी देखने चला गया...वैसे आपका नाम क्या है?"

"मैं क्यों बताऊँ, पहले आप बताइए...!

"आपने कभी सूरज की ओर देखा है।"

"हाँ...देखने की बहुत कोशिश की थी पर जल जाती थी उसकी गरम-गरम किरणों से!"

"मैं भी चाँद की ठंडी किरणों की शीतलता से थर-थर काँपने लगता था।"

"ऐसा तो कुछ भी नहीं होता था!"

"तो फिर क्या होता था?"

"बस कुछ होता था जिसकी व्याख्या नहीं की जा सकती।"

"आप तो सचमुच की कवयित्री हैं..."

"नाम बताएँ अपना।" उसने अपना पर जोर देते हुए कहा।

"रवि है मेरा नाम।"

"मैं शीला हूँ..."

"शीला की जवानी..." उसने गाते हुए शरारत से कहा और खनकती हुई हँसी हँसने लगा। शीला खो गई उस पहले दिन के मिलन में जब वो बार-बार जोर-जोर से हँसता और शीला मजबूर हो जाती उसकी ओर देखने को...

"शीलाजी आपको मालूम है ना कि आप केवल सुंदर ही नहीं आपकी आवाज़ की मिठास मंदिर का मधुर संगीत है मस्जिद की पवित्र अज़ान है...गिरजे की पाकीज़गी है आपकी आवाज़ में..."

शीला ये सब सुनने के लिए जैसे व्याकुल थी...बिलकुल चुपचाप एक-एक शब्द जैसे लिखती जा रही हो...उन गुदगुदा देने वाले शब्दों को बार-बार सुनना चाह रही हो...वह ख़ामोश रही जब तक वो बोलता रहा...ना जाने क्या-क्या कह गया अपनी धुन में। जैसे आज मदिरा की दुकान पर मदिरा बे-पैसों के लुटाई जा रही हो...वो प्यार के नशे में जैसे चूर होती जा रही हो...। लड़खड़ा गई हो...पर किसी के मज़बूत बाजुओं ने उसे सँभाल लिया हो। फंक्शन में वह सफ़ेद कुरते पाजामे में सब से अलग दिखाई पड़ रहा था...उसकी कल्पनाओं का राजकुमार लग रहा था...अगर वह दूसरी महिलाओं की ओर पल भर भी देखता तो शीला व्याकुल हो जाती...ना जाने क्यों...! शीला को वह अपना सा महसूस होने लगा था।

शीला दुविधा में पड़ी हुई थी कि किधर जाए किस से जुड़ी रहे और किस से नाता तोड़ ले?

चौबीस वर्ष काले पानी की सज़ा काटने के पश्चात अब वही अकेलापन, वही वीरानी, वही अन्धेरा उसको अपने जीवन साथी महसूस होने लगे थे। जीवन साथी जिसने पवित्र अग्नि के नारंगी धनक रंगों के किनारे-किनारे फेरे लगाकर साथ निभाने की शपथ ली थी। वो तो ग़ैरों के साथ सारा दिन कुछ काम के बहाने और कुछ काम में अधिक से अधिक सफलता पाने की लालच में...दूसरों को अपने से बहुत पीछे छोड़ देने की चाहत में...कभी यह फ़ैसला न कर सका कि अधिक उचित जीने का कौन सा अंदाज़ होना चाहिए। पत्नी और बच्चों के बीच समय बिताना उसे समय की बर्बादी लगती। उस क़ीमती समय में तो कुछ अच्छे काम किए जा सकते हैं। कुछ काम निकालने वाले लोगों से मिल लूँगा, बिज़नेस मिलेगा प्रोमोशन मिलेगा...। ये होता दामोदर का उत्तर जब बच्चे और शीला मिल कर बिनती करते पति और पिता से कि आज छुट्टी का दिन हमारे संग घर

में बिता लीजिए।

"पापा मेरे साथ खेलने वाला कोई नहीं है। मुझे टेबिल टेनिस खेलना है, आज तो संडे है। आप चलिए मेरे साथ खेलने...। पापा मना नहीं कीजिएगा...प्लीज़ पापा!"

"अब मेरा यही काम रह गया है कि मैं तेरा जी बहलाऊँ...? मज़दूरी तू करेगा?। तेरे पेट का नरख कौन भरेगा?"

एयर कंडीशन कमरे में गदीले क़ालीन की तह जूतों के नीचे दबाकर बैठे बैठे चाय और कॉफ़ी के साथ सिगरेट का धुआँ उड़ाते और घंटी बजा-बजा कर लंबी गोरी सुनहरे बालों वाली और काली पतली कमर वाली...आगे पीछे से गोल-गोल शरीर वाली सेक्रेट्रियों को बार-बार कमरे में बुलाकर ख़िदमत करवाने को दामोदर मज़दूरी करना कहता था। पर बोलता ऐसे था जैसे...सीधा झोपड़पट्टी से उठ कर आया हो। शायद वो आख़िरी दिन था जब बेटे ने बाप से लाड़ में कुछ माँगा हो...अब मिले हुए को ठुकराना ही उसकी आदत बन गई थी। स्कूल से देर में आने लगा, वहीं खेलता रहता। आख़िरी बच्चा होता जो खेल के मैदान से विदा किया जाता। वैसे भी वो बड़ा सा बस्ता लाद कर बस ही से स्कूल भेजा जाता कि अय्याशी की आदत ना पड़े...एक ही तो बेटा है बिगड़ ना जाए...!

शीला महसूस करती कि वो ना जाने कब से एक आदर्श इन्सान की छवि बनाए हुए थी। वह ना जाने कहाँ से और कैसे उसके जीवन में बस चला आया और बिलकुल ऐसे समाता जा रहा है जैसे 'जिग-सॉ पज़ल' में टेड़े-मेढ़े टुकड़े एक दूसरे में फ़िट होते जाते हैं और चित्र अपनी सुंदरता और पूर्णता के साथ आगे बढ़ता जाता है और अंत में एक ऐसा चित्र तैयार होता है जिसके टुकड़े देखने से महसूस ही नहीं होता था कि एक दूसरे से जुड़कर ये ऐसी तस्वीर बनेगी। रवि और शीला ऐनी और श्याम की पार्टी को अपने लिए भाग्यवान मानकर चल रहे थे।

शीला की देखभाल रवि ऐसे करता जैसे न जाने कब से तरसा हुआ हो। बच्चों की तरह उसके लिए खाना ख़ुद निकालकर परोसता और जब वह खा रही होती तो उसे एकटक निहारता...शरबती पुतलियों में चमक के दो सितारे नज़र आने लगते थे। कपड़े भी इस्त्री करने को खड़ा हो जाता था। शीला बिलकुल चकराई रहती। उसने आज तक सपने में नहीं सोचा था कि पुरुष ऐसे भी देखभाल कर सकते हैं। वो समझती थी कि महीने में एक बार पति ने हथेली पर पगार रख दी तो वही हो गई मज़दूरी पूरे महीने की। अब पति देव ऐश करेंगे और पत्नी मज़दूरी...उसकी, घर की और बच्चों की देखभाल। रवि तो ऐसा नहीं

था, वह काम पर भी जाता और पत्नी को भी उत्साहित करता कि वो भी लिखे पढ़े, पेंटिंग करे या सोशल वर्क करे, घर में बैठ कर समय न बरबाद करे। क्योंकि अकेलापन इन्सान का शत्रु होता है उलटे -सीधे विचार जन्म लेने लगते हैं। ये कैसा इन्सान है...! कभी-कभी डरने लगती कि ये सब कहीं ख़त्म न हो जाए, वह बदल न जाए!

बदलाव तो जीवन का एक अटूट सत्य है। अहसास भी नहीं होता है और चुपके से जैसे स्टेशन पर रेलगाड़ी फिसलती हुई दाख़िल हो जाती है और देखते ही देखते जगह बदल जाती है...साथी बदल जाते हैं मंज़िल आकर फिर खो जाती है। वह इसी आँख-मिचौली से डरा करती थी। वह चाहती थी रवि के साथ एक ही स्टेशन पर बैठी रहे और रेलगाड़ी कभी न आए।

उसे रवि के साथ नाव में सैर करना भला लगता। लहरों से खेलना, पानी के छींटे रवि के मुँह पर डालना, उसका सफ़ेद मलमल का कलफ़ लगा लखनवी कढ़ाई वाला कुर्ता जिससे उसकी मज़बूत बाँहें झलक रही होतीं जब उसका कुर्ता भीग कर उसके शरीर से चिपक जाता तो भी वो हँसता रहता जैसे कह रहा हो शीला तुमको क्या मालूम तुम्हारे हाथों से बरसाया हुआ यह जल मेरे लिए नव-जीवन की ध्वनि है...अपनापन है...जीवन की सच्चाई है। यही तो जीना है!

सुबह से लेकर सूरज ढलने तक बड़ी-बड़ी शीशों वाली बिल्डिंग में मेज़ पर सर झुकाए और कानों में टेलीफ़ोन लगाए समय बिता देना ही तो जीवन नहीं होता। हाँ पैसा तो होता है...मगर पैसा कमाने के चक्कर में दिल बहलाने का समय खो चुका होता है। उस समय को रोक लेने का मन नहीं करता पर इस समय को जो तुम पानी की बौछार कर रही हो तुम्हारे होंठ तुम्हारा एक-एक अंग तुम्हारे उलझे हुए हवा में लहराते बाल लहरों के साथ-साथ मेरे मन में हलचल मचा देते हैं...इस समय को जकड़ लेने का मन करता है।

जकड़ तो गई थी शीला और पकड़ लिया था उसको पूस माघ के सूखे जीवन ने सावन भादों बनकर रवि ने...रवि थोड़े समय के लिए जैसे ही घर पहुँचता फौरन फ़ोन कर के उदास आवाज़ में कहता कि उसको अँधेरा अच्छा नहीं लगता...उसको शीला से जुदा होना पड़ता है...घर पहुँचते ही सवेरे की पूरब से फूटती हुई लाली की राह देखने लगता। मुर्गे की अज़ान जिस से वो बहुत घबराया करता कि उसकी नींद टूट जाती थी...अब उसकी प्रतीक्ष करता कि जल्दी अज़ान की आवाज़ आए तो वह निकल पड़े शीला के द्वार...सर्दी की कड़कड़ाती सुबह को गाता हुआ प्यार के नशे में मस्त शीला के पास होता।

दोनों को अपनी राहों का कोई पता नहीं था कि किधर को जा रही है...केवल ये अहसास था कि दो मतवाले जिनको कभी ख़ुशी नहीं मिली थी

अब वो खुशियों पर सवार नाचते फिर रहे हैं। हर बात पर जी भरकर हँसते दोनों। शीला की खनखनाती हँसी पर रवि झूम उठता। उसके अपने घर में जैसे हँसी का काल पड़ा हो...

रवि इतना अच्छा बाप था कि अपनी बेटी के लिए हर दम शीला से बात करता कि वो कैसे उसके जीवन में भी ख़ुशियाँ भर दे...वहीं उसका पति दामोदर तो केवल शीला से यही शिकायत करता रहता कि शीला उसको देर तक आफिस में बैठने पर नाराज़गी ज़ाहिर करती है...वह चाहता है कि शीला बच्चों को भी समझा दे कि उनको भी कोई शिकायत करने की आवश्यकता नहीं है। इस बार वो पूरी तौर से प्रयत्न कर रहा है कि उसे डबल प्रोमोशन मिल जाए, इस से पगार भी डबल हो जाएगी। काम तो पेट के लिए करता था बच्चों को तो पैदा करवाने की उसकी ज़िम्मेदारी थी। बच्चे की हर कमज़ोरी शीला के कारण थी और हर अच्छी बात दामोदर से विरसे में मिली थी। धन एकत्रित करता अपनी अय्याशी के लिए। शीला को कभी न मालूम होने देता कि उसकी आमदनी कितनी है और पैसे कहाँ छुपाकर रख रहा है।

रवि तो अपनी पूरी पगार अपनी पत्नी को दे देता था, कभी न पूछता कि वो उन पैसों से क्या कर रही है। उसका मानना था कि पत्नी तो घर की लक्ष्मी होती है...अपने उसूलों को अपनी आपस की खट-पट में न आने देता...शीला अक्सर सोचती अगर उसके पति के भी कुछ उसूल होते तो आज वह रवि के पीछे क्यों पागल होती।

वो छोड़ देगी उसको...चौबीस वर्ष तो निभा लिए...क्या उसने अपने पूरे जीवन की बलि देने का ठेका ले रखा है...!

ठेकेदार तो दामोदर था अपने परिवार के जीवन को अपने तौर से जीने के लिए मजबूर करने का ठेकेदार...कोई अधिकार नहीं दे रखा था...दिशाओं की पहचान वो कराता था...पूरब को पश्चिम और पश्चिम को पूरब कह दे तो वही सही होता...और रवि को अगर शीला कह दे आज उसका रवि उत्तर से निकलेगा तो रवि अपने आने की दिशा बदल देता। ना जाने कैसा अजनबी था...! जो पहले दिन से अपना सा ही लगता था...।

दोनों के जीवन का एक हिस्सा बीता जा रहा था इसी उधेड़बुन में कि साथ कैसे रह सकेंगे! कोई राह नज़र ना आती...कोई उपाय समझ नहीं आता। साथ रहने की चाह ज़ोर पकड़ती जाती। जी चाहता साँझ की बेला जब पशु भी पैरों की मिट्टी झाड़ एक जगह हो जाते हैं, एक दूसरे के साथ रात बिताते हैं...पंछी भी चूँ-चूँ कर परिवार को इकट्ठा कर लेते हैं। जब तक उनका जोड़ा नहीं आ जाता घोंसले से हल्की-हल्की हलचल सी सुनाई देती रहती है। किंतु शीला और

रवि चाहते हुए भी ऐसा नहीं कर पा रहे थे। उनको थोड़ा सा समय भी अलग काटना कठिन होता जा रहा था। अँधेरी रातें नोचने को दौड़तीं...रातें कम लंबी होती है पर उनकी लंबाई मीलों लंबी लगने लगती जब वो अँधियारा अपने साथी से अलग काटना पड़े। लोग चलते-चलते थक जाते हैं पर रवि और शीला जैसे हार मानने को तैयार नहीं थे।

समाज की हार से कौन बच सका है?

"रवि अगर तुम समय पर घर नहीं आए तो मैं पुलिस को बता दूँगी कि तुम शीला के साथ समय बिताते हो। तुम्हारा जी घर में नहीं लगता। तुमको किस बात की कमी महसूस होती है। मुझे बताओ मैं पूरी करूँगी...उस कुतिया से पीछा छुड़ाओ, उसका तो पति बेचारा भी नहीं संतुष्ट है उस से। कितना व्याकुल था अपनी पत्नी के लिए जब वो तुम्हारे साथ गुलछर्रे उड़ा रही थी। कितना भला मानुस है कि उसको बाल पकड़ कर बाहर नहीं निकाल दिया। तुम्हारे लिखी कविताओं की कापियाँ बना ली हैं मैंने। मैं तुम्हें कोर्ट ले जाऊँगी। छोड़ूँगी नहीं। ऐसा समझाऊँगी कि याद रखोगे...!"

रवि बिलकुल चुप खड़ा सुनता रहा। उस से लड़ा नहीं जाता था। आवाज़ भी ऊँची नहीं कर पाता। पत्नी चिल्लाए जा रही थी...जितना वो चिल्ला रही थी उतना ही वो घुटता जा रहा था।

नाव में बैठा हिचकोले खा रहा था...शीला अपनी लंबी-लंबी गुलाबी उँगलियों के मदिरा के प्याले से उसके ऊपर दरिया के शीतल चान्दी जैसे चमकते जल का छिड़काव कर रही थी पर वह दूर कही अंगारों पर बैठा था। वो भिगाए जा रही थी... रवि की हँसी जैसे पथरा गई थी...उसकी शरबती आँखों का रंग हल्का पड़ गया था...आँखों में दो चमकते हुए सितारे भी डूब गए थे...!

बेचारी ईडियट...

लाल पीली और नीली रोशनियाँ...गोल-गोल छोटे-बड़े रंगीन शीशे के चहुँ ओर लटकते हुए कुमकुमे...कमरे में बैठे सभी पुरुषों एवं महिलाओं के जीवट ठहाके...और उनके कपड़ों में बस दो ही रंग मुख्य रूप से उभरते दिखाई दे रहे थे...लाल और काला!

औरतों के लाल ब्लाउज़, तिकोने नीचे कट वाले गले जो औरतों के औरत होने की भरपूर गवाही दे रहे थे। कूल्हों पर फँसी हुई स्कर्ट...बस लाल और काले ड्रेस। पुरुषों के काले सूट जो कि ख़ुशी और ग़म दोनों अवसरों पर पहन लिए जाते हैं। गले से लटकी लाल धारीदार या सादी लाल सपाट टाइयाँ बिलकुल रेणुका के जीवन की भाँति सपाट।

जिम मार्शल अपने चहेते ग्रुप के साथ घिरा बैठा था। रेड वाइन, व्हाइट वाइन और उकड़ूँ बैठा छोटा, मोटा सा व्हस्की ऑन-दि-रॉक्स का आधा ख़ाली गिलास, जिम के सामने पड़ा हुआ था। उसके चेहरे का सफ़ेद रंग लाल हो गया था और सर्दियों में पसीने के कतरे मुँह पर उभर रहे थे। अर्थशास्त्र और राजनीति के दाँव-पेच, इलेक्शन जीतने के उपाय के घोर विवाद चल रहे थे। जिम की आवाज़ से आत्मविश्वास झलक रहा था क्योंकि साँसद का चुनाव हारने के बाद वह अभी-अभी लंदन असेंबली का इलेक्शन जीत कर आया था। विरोधी पार्टी के बड़े नामी काउंसलर को हराया था और अब फिर से एम.पी. का इलेक्शन लड़ने का प्लान बना रहा था। संगीत की आवाज़ मंद पड़ गई थी जिम की आवाज़ के सामने। जिम आकाश का पंछी बना ऊँचे आसमानों में तैरता हुआ सबको ऊपर से नीचे देख रहा था पर उसकी दृष्टि के दायरे में रेणुका कहीं नहीं फ़िट हो पा रही थी।

रेणुका अपनी ओर से सज-धज कर बिजली गिराने को तैयार होकर आई थी-मखमल का लाल कोट पहने, बालों को ऊँचा करके बाँधे और एक लाल गुलाब बालों में सजा कर जिसका लाल रंग उसकी लाल लिपिस्टिक से मैच कर रहा था। वह कमरे में आते ही ठिठक गई। होटल का यह कमरा इतना सजा-

सजाया, कार्यकर्ताओं, काउंसलरों एवं मेम्बर्स से खचाखच भरा हुआ था। कमरा भरा हुआ था पर रेणुका अपने को ख़ाली सा महसूस करने लगी। ये सारी सजावट, ये तमाम जगमगाहट उसकी सहायता के बग़ैर हो कैसे गई...उसको भनक भी नहीं पड़ी और ये सब हो गया? पहले तो जिम उसकी सलाह के बिना कुछ भी नहीं करता था। दरअसल जिम के सभी कामों को केवल रेणुका ही अंजाम देती थी।

इतना बड़ा काम–ना तो उसकी कोई सहायता माँगी और ना ही कोई बात की...! वह तो जिम की रग रेशे से वाक़िफ़ थी। जिम की भलाई का ध्यान रखते हुए कैम्पेनिंग की तैयारी करना और सबको आदेश देना कि कौन किस टीम में होगा और किस सड़क पर जाना है...क्रिसमिस की पार्टी में कितने लोग आएँगे...कौन विशेष अतिथि बनेगा...ये सब निर्णय तो वह ही लिया करती थी। जिम की चुनाव में हुई हार के बाद जैसे वह जिम को भी हार चुकी थी...वह दबाव सा महसूस करने लगी। आज वह सब कुछ हो गया जिसके बारे में वह सोच भी नहीं सकती थी। फिर भी उसने अपने आपको सँभालते हुए, गर्दन ऊँची की और जिम के निकट पहुँच गई। जिम की एक तरफ़ उसकी पार्टनर बैठी थी तो दूसरी तरफ़ पार्टी की राष्ट्रीय सचिव। वह पार्टी सचिव के साथ बातचीत में मशग़ूल था। हारी हुई रेणुका ने कहा, "हैलो जिम...कैसे हो?" जिम ने केवल शिष्टाचार निभाते हुए कहा, "हैलो रेणुका, बहुत दिनों बाद दिखाई दी हो। सब ठीक है।" और वह वापिस पार्टी सचिव की ओर मुड़ गया।

गीली आँखें लिये रेणुका वहाँ से वापिस मुड़ चली...एक वो भी ज़माना था जब सबके बैठने का क्रम रेणुका तय किया करती थी। आज उसे स्वयं नहीं पता था कि उसे बैठना कहाँ है। वक़्त कितनी तेज़ी से बदल जाता है।

तेज़ी जिम के व्यक्तित्व का एक अटूट हिस्सा है। रेणुका को याद है कि जिम कैम्पेनिंग के दौरान बहुत तेज़ चलता था...लगभग दौड़ने लगता था...

उस दिन भी वह इतना ही तेज़ चल रहा था। रेणुका लगभग दौड़ ही रही थी उसको पकड़ने के लिए।

पर उस तक पहुँचना असंभव लग रहा था। दौड़ते-दौड़ते चिल्ला-चिल्लाकर सवाल करती जाती थी कि अब किस सड़क पर कैम्पेनिंग करने जाना है। यही प्रश्न पीटर उसे बार-बार बग़ैर दौड़े पूछ रहा था कि अब किस सड़क पर कैम्पेनिंग के लिए पूरी टीम को ले चलूँ...?

जिम मार्शल हर शनिवार और रविवार को कैम्पेनिंग रख लेता। बाल-बच्चे तो थे नहीं जिनकी कोई ज़िम्मेदारी होती। पत्नी अपने कामों में व्यस्त होती, होम्योपैथी कॉलेज से होम्योपैथी की डिग्री ली हुई थी। जो कलाएँ हमारे यहाँ से

दम तोड़ चुकी हैं वो अभी ब्रिटेन में जीवित हैं। होम्योपैथी से अच्छी-ख़ासी आमदनी हो जाती है। पर इसके बावजूद भी उसकी पत्नी समय निकालकर कभी-कभी कैम्पेनिंग कर लिया करती। किंतु दूसरे एक्टिविस्ट आना-कानी करते छुट्टी के दिन घर-घर दरवाज़ा खटखटाने से। जिम मार्शल बिगड़ जाता कि रेणुका उसके लिए दूसरों को क्यों नहीं मना लेती...!

हर राजनीतिक पार्टी का दारोमदार बहुत कुछ उसके कार्यकर्ताओं पर ही निर्भर होता है। जितने सक्रिय मेहनती और पार्टी से अकीदत रखने वाले कार्यकर्ता होते हैं उतनी ही पार्टी लोकप्रिय बनती है।

रेणुका ने आते ही सारे कार्यकर्ताओं की एक सूची बनाकर फ़ौज में भरती करने जैसी पल्टन तैयार कर ली थी। शीमा वगैरह देखती रह गईं कि रेणुका कैसे काम करती है...कितनी लगन से...। काम के बीच कैसे मस्त होती है। नाक को सुकेड़ कर उसके ऊपरी हिस्से पर बड़ी-बड़ी चुनन और उसी से लगी माथे पर खड़ी-खड़ी मोटी-मोटी लाइनें, कभी नाक को फुला लेती तो कभी पिचका देती पर साफ पता लगता कि भीतर कोई योजना बन रही है जो कि फ़ौरन काग़ज़ पर उतर आएगी और उसके अनुसार सबको सक्रिय सड़क पर घर-घर भागना पड़ेगा। एक धुन रहती रेणुका को कि जैसे भी हो जिम का काम पूरा हो जाए। अधिक से अधिक वोटर्स की शनाख़्त हो जाए और चार वर्षों के बाद फिर से जिम मार्शल ही एम.पी. बने। चाहते तो सभी यही थे पर रेणुका की तरह किसी ने जान की बाज़ी नहीं लगाई हुई थी।

जब तक रेणुका ऑफ़िस नहीं आती तो सबकी बातों का विषय वही होती। कोई तो आँख मारकर उसकी बातें करता तो कोई होंठों पर हलकी सी मुस्कराहट जमाकर और तो कोई भोंडे अंदाज़ में आवाज़ कसकर। जैसे ही वो आ जाती तो सब उसी से बातें करने लगते ऐसे जैसे कि इतनी देर से ख़ामोश बैठे हों उसकी प्रतीक्षा में और उससे बातें करने को बेचैन...। या राजनीतिक चर्चा में व्यस्त हों।

पाखंड का भी एक अद्भुत स्थान होता है राजनीति में जो कि उसका अटूट अंग समझा जाता है...झूठ बोलना भी बुरा नहीं समझा जाता। झूठ बोलकर कोई काम कर जाना राजनीति की दुनिया में स्पिन कहलाता है। कार्यकर्ताओं में से शायद ही उसे कोई पसंद करता हो पर उसे क्या फ़िक्र वो तो जिम की ही पसंद बनकर रहना चाहती थी। सब से पंगा लेने को तैयार। जिम को यह सब अपनी सुविधा के अनुसार लगता था। वह भी उसे अपनी ढाल बनाए हुए था।

ढाल तो वह थी...वार भी करती थी पर डाँट भी जी भरकर खाती थी। ऐसा लगता जैसे जिम ने उसे ग़लती करने का हक़ नहीं दिया है। एक बार तो जिम

गुस्से से पागल हुआ जा रहा था...। वह कुछ कैनवस शीट्स लाना भूल गई थी। आदत तो उसने स्वयं ही ख़राब की थी। हमेशा फ़ालतू शीट्स रख लाती थी। उस दिन बिलकुल सही हिसाब से लाई थी पर जिम को अपनी मर्जी से काम करने देना बिलकुल पसंद नहीं था। निर्णय वह स्वयं ही लेता। ग़ुस्से में उसको 'यू ईडियट' तक कह दिया।

मगर रेणुका न जाने किस मिट्टी की बनी है। उसे जिम की कोई बात बुरी ही नहीं लगती–फिर चाहे वह प्यार से कहे या डाँट से। वह बस ढिठाई से हँसती रही। कुछ लोगों को बुरा भी लगा। उन्हें महसूस हुआ कि इतनी बेइज़्ज़ती के बाद वह पार्टी छोड़ जाएगी। मगर दूसरे ही दिन वह फिर से मौजूद थी। कुछ लोगों ने टोह लेने की कोशिश की तो वो भूल चुकी थी कि जिम ने उसकी बेइज़्ज़ती की भी थी। पुजारन के शब्दकोष में बेइज़्ज़ती जैसा शब्द होता ही नहीं। जब किसी को देवता मान ही लिया तो फिर बुरा क्या मानना...यही उसकी सोच थी।

अगस्त की छुट्टियों के बाद की पहली कैम्पेनिंग थी। वह हमेशा की तरह जिम जिम करती उसके आगे–पीछे भाग रही थी। मगर आज वह पीछे मुड़ कर देखे बगैर ही 'यस रेणुका...यस रेणुका' कहता जाता और भागता जाता। जब उसने तीसरी बार आवाज़ दी तो जोर से 'शट–अप' की गूँज चारों ओर फैल गई और सड़क बदलने का समय आ गया। सब चुप थे। कोई भी तैयार नहीं था 'शट–अप' सुनने को। सभी बहुत सतर्क चल रहे थे जैसे बस भागने वाले हों।

जिम मार्शल छोटे से क़द का लाल टाई लगाए...यह लाल रंग की टाई ही उसकी राजनीतिक पार्टी की प्रतीक थी वरना व्यवहार तो उसका नादिरशाह जैसा था। वो ग़ुस्से में दूसरी सड़क की ओर चल पड़ा। सड़क के बीचो–बीच आइलैंड था...टकराकर गिरते–गिरते बचा...। परंतु रेणुका उसे सँभालने के लिए वहाँ पहुँच चुकी थी।

सँभालना तो सभी चाहते थे पर रेणुका ने जिम मार्शल और दूसरे कार्यकर्ताओं के बीच ऐसी दीवार खींच दी थी कि उसको फलाँगना संभव नहीं था। कोशिश सभी करते पर रेणुका बीच में आ जाती। एम.पी. से निकटता कौन नहीं चाहता था...शीमा तो सब कुछ करते–करते पीछे धकेल दी गई थी।

शीमा पुजारन नहीं कुछ और बनने आई थी। वह असली सोशलिस्ट सोच की थी। इलेक्शन लड़ कर लोकल सरकार में काम के द्वारा लोगों की सहायता करना चाहती थी। पर रेणुका ने तो सब मलियामेट कर दिया था। जब से रेणुका आई थी सारे कामों पर धरना देकर बैठ गई थी। चिढ़ते तो सभी थे उससे पर जिम मार्शल से डरते भी थे। उसका काम करने का मतलब था डाँट–डपट...बेइज़्ज़ती।

छोटा सा दफ़्तर जो कि पार्टी के दबदबे वाले क्षेत्र में ही था। जहाँ अधिकतर वोट इसी पार्टी को मिलते थे। दफ़्तर इतना छोटा था कि चाय बनाने का छोटा सा कोना टॉयलेट के बगल में बनाना पड़ा था। शीमा कभी भी वहाँ की चाय न पीती उसको घिन आती वहाँ चाय बनाने में।

रेणुका ने आते ही वह कोना भी सजा दिया और जिम के लिए अलग से चाय का मग और गिलास लाकर रख दिया। किंतु जिम न तो वहाँ की चाय पीता और न ही पानी। पानी भी मिनरल वॉटर की बोतल से सीधे मुँह लगा कर ही पी लेता। जब उसको प्यास लगती तो अपने पुराने चमड़े के बैग से जैसा पुराने दिनों के डाकिए लेकर आया करते जिसमें दसियों खाने होते और हर खाने में शायद हर घर की कहानी होती या बादामी रंग के पोस्ट कार्ड।

जिम मार्शल के बैग के हर खाने में शायद रेणुका के लिए डाँट, फटकार और गालियाँ होतीं। जब से रेणुका आई थी उसने एक छोटी सी मेज़ और फोल्डिंग कुर्सी लाकर एक कोना जिम के लिए सेट कर दिया था। दूसरों के लिए जगह और तंग हो गई थी पर इससे क्या उसका भगवान तो कोने में सजा दिया गया था। उसी पर पानी की प्लास्टिक की पारदर्शी हलके से नीले रंग की बोतल भी रख दी थी, गहरे नीले रंग का ढक्कन सील लगी होने के कारण ज़रा कठिनाई से खुलता। जिम बोतल उठाता ही कि रेणुका दौड़कर पहुँच जाती और बोतल की सील ख़ुद तोड़ती। सील सख्त होती इसलिए ढक्कन पर इतनी ताक़त लगाती कि हाथ के साथ-साथ पूरा शरीर भी ऐंठ जाता। बोतल की सील टूटने की आवाज़ आती...पानी गट-गट करता गिलास में गिरता-गिलास को एक हाथ में उठाकर दूसरा हाथ भी नीचे लगाकर झुक कर अपने भगवान को समर्पित कर देती।

जिम पेपर पर नज़रें गड़ाए पानी का गिलास ऐसे हाथ में लेता जैसे बड़ा एहसान कर रहा हो पानी का गिलास पकड़कर। प्यास तो सभी को लगी होती मगर उनके पास प्यास बुझाने वाली रेणुका नहीं होती। जिम पानी पीता तो गट-गट की आवाज़ नहीं आती। खामोशी से पानी सूत लेता, आस पास लोगों को एहसास भी नहीं होता कि पानी पी रहा है। ब्रिटेन के वासी हर काम ख़ामोशी से बिना आवाज़ किए कर डालते हैं। भारत में भी तो ख़ामोशी से आ गए थे और लगभग दो सौ साल तक ख़ामोशी ही से अंदर से खोखला करते रहे फिर भी टिके रहे।

ऐसे ही चाय, पानी, शराब सब बिना आवाज़ के पी जाते हैं। ग़ुस्सा भी...पर इनका मानना होता है कि 'डोंट गेट एंग्री...गेट ईवेन' यानी कि ग़ुस्सा कभी ना करो...बस बदला ले लो...कुछ देशों में कुछ लोग चाय को भी प्लेट में डालकर

ऐसा सुड़कते हैं कि आस पास सबको पता चल जाता है कि पड़ोस में क्या हो रहा है...! चुनाव के दिनों में भी ये लोग आवाज़ नहीं निकालते। कहीं न लाउड-स्पीकर होता है और न ही सड़क पर चिल्ला-चिल्लाकर भाषण देकर अपना मुद्दा बयान किया जाता है। झूठे वादे न करें तो जीत कैसे होगी...! जो जितना बड़ा झूठ बोल ले और वो झूठ न लगे तो वही 'झूठा सच' होता है और इसी बात पर सत्ता बदल जाती है। रेणुका के लिए झूठ का शब्द जिम ने रिज़र्व कर लिया था हर बात पर 'यू आर लाइंग' कह देता। वो हँसते हुए कहती 'नो जिम आईएम नॉट'। पर इसी झूठ के सहारे तमाम साथियों को पीछे धक्का दे चुकी थी।

"रेणुका, क्या हम चलने के लिए तैयार हैं?"

"यस जिम, हम तैयार हैं।"

"पोस्टल वोट्स के फॉर्म्स रख लिए...?"

"हाँ जिम..."

"क्या काफ़ी लोगों के नामों की लिस्टें रख ली हैं...?"

"यस जिम..."

ऑफ़िस में सुनने वाले परेशान होते थे कि ये सारे काम रेणुका कैसे पहले ही से कर के रख लेती है...!

वे कहते अगर रेणुका जिम के साथ रह गई तो अगली बार फिर से जिम जीत जाएगा। रेणुका की भी यही तमन्ना थी कि जिम फिर से जीत जाए। पहले तो इसलिए जीत गया था कि दूसरी पार्टी का एम.पी. ही नाकारा था, दूसरी बार जो भी जिम के विरोध में खड़ा किया गया...टिक ना सका।

जिम मार्शल की जीत रेणुका की जीत होती...कितना ख़ुश होती...केक और मिठाई बाँटती, फूल निछावर करती...

चौथे इलेक्शन की तैयारियाँ ज़ोरों पर थीं। तैयारियाँ तो हमेशा ही ज़ोरों पर होती हैं मगर इस बार जीतने के मामले में कुछ शंकाएँ जताई जा रही थीं...समस्या कुछ गंभीर सी लग रही थी। रेणुका के होते किसकी हिम्मत हो सकती है जो जिम को नीचा दिखा सके।

वह चिंतित थी जब जिम मार्शल पर अधिकांश काग़ज़ का ग़लत इस्तेमाल करने का आरोप लगाया गया था। सब से बार-बार सफाई दे रही थी की जिम तो अपने वासियों को पत्र लिखता है तो इस पर क्यों ये आरोप लगाया जा रहा है। जिम से बढ़कर ईमानदार तो कोई और एम.पी. है ही नहीं। जिम तो समय के मामले में भी कितना सतर्क है। वो अपने काम को जितना समय देता है और कोई मिनिस्टर या एम.पी. नहीं देता।

दूसरे साँसदों पर तो एक और घर बना लेने का भी आरोप लगाया गया है कि उन्होंने यह सूचना सार्वजनिक नहीं की। पर जिम उन लोगों के मुक़ाबले में तो साफ़ सुथरा है। रेणुका जिम के साथ उसके घर नहीं जाती पर उसकी देखभाल घर गए बिना ही इतनी कर देती की उसको घर जाने की आवश्यकता थी ही नहीं। काम से सीधी जिम के आफिस आ जाती। कभी-कभी उसका पति मालूम करने आ जाता कि वो ठीक-ठाक है या हो सकता है उसको रेणुका का यहाँ इतना लंबा बैठे रहना परेशान करता हो...रेणुका को क्या परवाह...एम.पी. के सामने पति जैसी निकृष्ट चीज़ की भला क्या मजाल...!

मई के पहले सप्ताह में चुनाव हुए और जिम थोड़े से वोट्स से हार गया। रेणुका मचल गई कि मैं फिर से गिनती करवाऊँगी...ये सम्भव नहीं कि जिम हार जाए। जिम मना करता रहा पर वो न मानी। दुबारा गिनती हुई इस बारी मालूम हुआ कि वो एक और अधिक वोट से हारा था। रेणुका जोर-जोर से रोने लगी, बड़बड़ाती भी जाती थी कि ये असंभव है, ऐसा हो ही नहीं सकता...जिम हार नहीं सकता। जिम कभी नहीं हार सकता। वह केवल हरा सकता है। उसको जिम ने कंधे से पकड़ कर समझाना चाहा पर उसकी तो हिचकियाँ बँधी हुई थीं।

आज होटल के इतने भरे हुए कमरे में जहाँ रोशनियों की बारिश हो रही थी...''साइलैंट नाइट, होली नाइट / ऑल इज़ काम, ऑल इज़ ब्राइट'' जैसा क्रिसमिस गीत मीठे सुरों में हर ओर फैला हुआ था। रेणुका के भीतर क्या तूफ़ान चल रहा था किसी को नहीं मालूम हुआ।

वह भीतर आई। उसकी समझ में नहीं आ रहा था कि वह किधर जाए? उसकी वी। आई.पी. वाली सीट पर तो जिम ने किसी और को बैठाया हुआ थ। और दूसरा कोई उसको अपने पास बैठने को आमंत्रित भी नहीं कर रहा था। सभी अनजान थे। वो अपना बड़ा सा काला हैंड बैग लटकाए हुए जिसमें वह जिम की एपांइटमेण्ट डायरी, उसके दसियों पेपर, उसके लिए सैंडविच और फ़ालतू कैनवैसिंग शीट्स भरकर चला करती थी-जो कि इतना बोझ होने के बावजूद भारी नहीं लगता था...आज जैसे उसी ख़ाली बैग के वज़न से उसके कंधे झुके जा रहे थे। धीरे-धीरे चलती हुई बाहर जाने वाले दरवाज़े के पास वाली मेज़ पर अकेली आकर बैठ गई।

आज रेणुका जी भर कर ज़ोर-ज़ोर से रोना चाह रही थी। क्योंकि आज वह तो हार गई थी मगर जिम अपनी जीत का जश्न नए दोस्तों के साथ मना रहा था...भला ऐसे में उसे चुप कौन कराएगा...?

साँकल

क्या उसने अपने गिरने की कोई सीमा तय नहीं कर रखी?

सीमा के आँसुओं ने भी बहने की सीमा तोड़ दी है...इंकार कर दिया रुकने से...। आँसू बेतहाशा बहे जा रहे हैं...।

वह चाह रही है कि समीर कमरे में आए और एक बार फिर अपने नन्हे-मुन्ने हाथों से सूखा धनिया मुँह में रखने को कहे, ताकि उसके आँसू रुक सकें। बचपन में ऐसा ही हुआ करता था कि समीर माँ की आँखों से बहते हुए आँसू देखकर बेचैन हो उठता और लपक कर मसालों की अलमारी के पास पहुँच जाता, उचक-उचक कर मसाले की बोतलें खींचने लगता; पंजों के बल खड़े-खड़े जब थक जाता तो कुर्सी खींच कर लाता और ऊपर चढ़ कर बोतल में से धनिये के बीज निकाल कर माँ के मुँह में डाल देता कि माँ की आँखों से प्याज़ काटने से जो आँसू बह रहे हैं वे धनिया मुँह में रखने से रुक जाएँगे।

सीमा मुस्करा देती समीर की मासूमियत भरी मुहब्बत पर। वो शरमा जाता। माँ की टाँगों से लिपटते हुए कहता मैंने सूज़ी आँटी को कहते हुए सुना था जब आपके साथ आपके बाल बनवाने गया था। माँ खो गई है वक़्त के उन सुहाने सपनों में जब समीर हर समय सीमा के साथ ही रहना चाहता था।

''माँ! मैं डरता हूँ कहीं आपको कुछ हो ना जाए इसी लिए मैं आपके साथ साथ आता हूँ-'' ये कहकर वो अपने प्यारे-प्यारे हाथों से सीमा के मुँह को पकड़ कर अपनी तरफ मोड़ लेता।

आज उन्हीं हाथों ने उसके बदन...उसके दिलो दिमाग़ को चूर-चूर कर दिया है-नील के निशान ने उसकी तीस वर्षों की तपस्या को तार-तार कर दिया है। नील का निशान तो समय के साथ धुंधला होकर मिट जाएगा पर मन पर लगा ये झटका...ये ज़ख्म कैसे भरेगा...। रिसता रहेगा-क्या यह मेरे दिए हुए संस्कार हैं? सीमा कुछ समझ नहीं पा रही-बिलकुल ब्लैंक हो गई थी।

समीर घर में केवल अपने पिता से डरता था। बच्चों को डराना सीमा की प्रकृति में शामिल नहीं था। बस यही जी चाहता था कि हरदम दिल में समाय

रखे अपने बच्चों को...। ख़ासतौर से समीर को...एक ही तो बेटा था, वो भी बीच का, निग्लेक्टेड...सैंडविच बना हुआ...बहनें तंग करतीं तो जवाब में उनसे बढ़-चढ़ कर वो परेशान करता। बड़ी वाली तो सह लेती पर छोटी इतना चिल्लाती के सँभालना मुश्किल हो जाता और फिर समीर की धुनाई तो पक्की होती। वो भी...पक गया था मार खा-खाकर। मार तो उसको पड़ती पर चोट-चोट हमेशा सीमा को लगती। धड़ाधड़ शीशे के बरतन जब बरसना शुरू होते तो...कभी हाथों और दुपट्टे के पल्लू से समीर का सिर छुपाती तो कभी कोहनियाँ ऊँची करके उनके पीछे अपना मुँह बचाती।

समीर को अपनी छाँव में लेकर भागती तो पीछे से एक जूता उसकी कमर पर पड़ता। वह जूते की चोट को सह जाती। उसे संतोष इस बात का होता कि जूता उसके पुत्र के शरीर तक नहीं पहुँच पाया।

"माँ आप कॉन्फ्रेंस में जाएँगी ना?"

"हाँ, सोच तो रही हूँ।"

"कब से शुरू है कॉन्फ्रेंस?"

"24 सितम्बर से।"

"आप कितने दिनों के लिए जाएँगी?"

"हमेशा की तरह तीन रातें चार दिन। मगर मैंने अभी फैसला नहीं किया है कि जाऊँगी या नहीं।" सीमा ने जवाब दिया

"माँ आपको अवश्य जाना चाहिए अगर एक बार सिलसिला टूट गया तो फिर आप आइन्दा भी नहीं जाना चाहेंगी।" समीर ने इतने अपनेपन से कहा कि सीमा ने उसी समय फ़ैसला कर लिया कि समीर ठीक ही तो कह रहा है। उम्र के इस पड़ाव पर पहुँचकर बहुत से काम समय से पहले ही छोड़ दिए जाते हैं। सीमा वक़्त से पहले बूढ़ी नहीं होगी...। वो हमेशा कहती थी कि उम्र को रोकना और आगे बढ़ाना बहुत कुछ अपने ही हाथ में होता है। उसने फ़ैसला कर लिया कि वह कॉन्फ्रेंस में अवश्य भाग लेगी।

सीमा की समझ में नहीं आ रहा था कि वह लेबर पार्टी की कॉन्फ्रेंस में आई थी या अमीरों की पार्टी में...! हर पॉलिसी ओल्ड लेबर से हट कर न्यू लेबर को छूती हुई टोरी पार्टी की गोद में जा बैठी थी। सीमा उकताने लगी थी...। आख़िर क्यों आ गई? क्या सब कुछ बदल जाएगा...क्या हर अच्छी चीज़ इसीलिए बदल जाएगी क्योंकि बदलाव जीवन की सच्चाई है?...

"अरे माँ आप वापिस भी आ गईं? अभी तो कॉन्फ्रेंस चल रही है। सुबह टी.वी. पर दिखा भी रहे थे।" समीर उस दिन काम से आया तो माँ घर में मौजूद थी।

माँ ने देखा...पुत्र के साथ एक युवती भी थी। ज़ाहिर है उसकी आँखों में एक सवाल उभरा जो ज़बान तक नहीं आया। मगर पुत्र को सवाल समझ में आ गया।

''माँ इससे मिलो ये...नीरा है।''

''हेलो नीरा...!'' माँ ने पूछा, ''कुछ खाओ पियोगे तुम लोग, या फिर बाहर से खाकर आ गए हो?'' सीमा को बाहर खाना बिलकुल पसंद नहीं था। वह स्वास्थ्य की ख़राबी के लिए हमेशा बाहर के खाने को ही दोष देती थी। खाना घर का और ताज़ा पका होना ज़रूरी है। वह स्वयं तो शाकाहारी थी। पर दूसरों को केवल रेड मीट खाने से रोकती थी। मगर उसकी सुनता कौन था? पति देव तो दोनों समय रेड मीट ही खाते थे। बीफ़ के बहाने अपनी अम्माँ को भी याद किया करते थे कि क्या कबाब बनाती थीं बस मज़ा आ जाता था...उफ़...बीफ़...! सीमा अपने होंठों को भींच लेती...साँस रोक लेती कि कहीं उसको बीफ़ की महक ना आ जाए?

''येस मामा डार्लिंग हम खा ही कर आए हैं क्योंकि आप तो थीं नहीं इसी लिए बाहर ही खा लिया था...''

सीमा आज की पीढ़ी के मिज़ाज को समझती थी इसी लिए प्रश्न हमेशा सोच समझ कर पूछा करती थी। अब तो ज़माना ही बदल गया था। पहले बच्चे अपने माँ बाप से प्रश्न पूछते डरते थे। आजकल माँ-बाप एहतियात बरतते हैं।

फिर भी सीमा ने समीर को करीब बुलाकर मालूम करना चाहा ये नीरा कौन है और रात को घर में क्यों लाया है। क्या उसे अभी वापिस भी ले जाना है...?

''माँ रात को यहीं सो जाएगी...'' समीर ने थोड़ा झिझकते और आवाज़ को काफ़ी गंभीर बनाते हुए उत्तर दिया।

सीमा उसके और करीब आ गई और तकरीबन सरगोशी करते हुए बोली, ''मुझे ये पसंद नहीं है और अगर वापस आकर तुम्हारे पिता सुनेंगे तो मुझ पर बहुत नाराज़ होंगे।''

''वो आएँगे तो ये चली जाएगी...।''

''नहीं बेटे हमारा यह कल्चर नहीं है। यहाँ तुम्हारी बहन के सात-आठ वर्ष के बच्चे आते हैं। वो क्या समझ पाएँगे इस रिश्ते को। उनको क्या बताया जाएगा।''

''माँ दिस इज़ नॉट माई प्रॉब्लम...!''

सीमा ने उसी समय समीर की आवाज़ और चेहरे के भाव पढ़ लिए थे। 37 वर्ष से झेल रही थी समीर के दोहरे उसूलों को।

जहाँ माँ और बहनों का मामला होता फ़ौरन देसी बन जाता और अपने मामले में पश्चिमी मूल्य रखता।

सीमा सब सह लेती...उसके दिमाग़ में समीर के बचपन की पिटाई की यादें छपी हुई हैं...उसको दया आ जाती और वो चुप हो जाती पर उसने कभी ये नहीं सोचा था कि उसके ये फ़ैसले समीर के लिए कितने हानिकारक हो सकते है। वो तो माँ के स्नेह से लबालब थी...पुत्र की कमज़ोरियाँ भी स्नेह के आगे दब जातीं।

सीमा ऊपर पहुँची तो मालूम हुआ कि उसके कंप्यूटर पर तो नीरा का राज है। इसके मतलब हुआ जिस दिन वो गई उसी दिन नीरा आ गई होगी...तो फिर क्या...नहीं-नहीं समीर ऐसा नहीं है...। उसने नीरा को दूसरे कमरे में शिफ़्ट करना चाहा तो समीर आ पहुँचा।

"माँ इसे रात को नींद नहीं आती तो आपका कंप्यूटर यूज़ करती है।"

"बेटे मेरा कंपनी का कंप्यूटर है मैं नहीं चाहती इसको कोई और भी हाथ लगाए।"

"कम ऑन माँ...।"

सीमा ने कहा, "अच्छा आज रहने दो। मैं भी थकी हुई हूँ और कल तो यह चली ही जाएगी।"

"नहीं माँ इसका रहने का कोई बंदोबस्त नहीं है।"

"अरे तो फिर कहाँ से उठा लाए हो?" सीमा ने नाराज़ होते हुए पर आवाज़ को बिना ऊँचा किए पूछा। सीमा को हमेशा से नफ़रत थी ऊँची आवाज़ में ग़ुस्सा करने से। उसका ख़्याल है जब कोई ग़लत बात को सही बात साबित करना चाहता है तभी ज़ोर-ज़ोर से बोलने लगता है। और फिर आगे वाले की भी तो कोई इज्ज़त होती है चाहे बड़ा हो या छोटा...! अक्सर उसका पति सोचता कि सीमा चिल्लाकर एक्सप्लेन नहीं कर रही तो इसके मतलब हैं झूठ बोल रही है। सीमा सोचती इस बात में अवश्य परवरिश का हाथ होता है। कैसे माहौल में कौन पला है ऐसे ही क्षणों में असलियत मालूम हो पाती है।

वो अपने कमरे में सोने चली गई।

तीन दिन की कॉन्फ्रेंस ने थका दिया था। कुछ तो दुखी कर देने वाली नई राजनीति थी, बिलकुल दक्षिण पंथी दल होने का अनुभव होने लगता है। मैंने इस लिए तो नहीं इस पार्टी की मेम्बरशिप ली थी...!

वह बोर होकर पहले ही चली आई थी और यहाँ आकर भी उसे दुःख ही हुआ था। औरत जिधर जाती है उधर दुःख ही झेलने पड़ते हैं। समीर के बारे में सोचने लगी। कहता है कि जब बाप आएगा तो नीरा यहाँ से चली जाएगी। तो क्या वो ये सोच रहा है कि उसकी माँ को ये तौर-तरीके पसंद हैं। वो फिर घबराने लगी कि कल वीकेंड है। बिटिया और दोनों बच्चे आएँगे, दामादजी तो

छुट्टी वाले दिन भी काम करते हैं। ससुर के ऊपर तो वो पड़ गए हैं। सीमा ने भी छुट्टी का दिन पति के साथ कभी नहीं बिताया था। वो वीकेंड घर में रुक जाते थे तो ऐसा लगता जैसे बहुत बड़ा एहसान कर रहे हैं। पूरे दिन टी.वी. के सामने आराम कुर्सी पर लेटे नख़रे दिखाते रहते और सीमा नख़रे उठाने की तो मशीन बन चुकी थी।

नख़रे तो सभी उठवाते थे क्योंकि उसका कुसूर था पति का कहना मानना और हर तेहरवें महीने एक नया सा प्यारा सा मॉडल पैदा कर देना। बेटे की बारी में भी सीमा को मैनेजर के साथ ही भेजा था, पहले चैक-अप के लिए। उसको कितनी शर्म आ रही थी की डॉक्टर समझेगी कि मैनेजर ही आने वाले बच्चे का बाप है। हुआ वही जिसका डर था...अपने पति को भी अंदर बुला लो। डॉक्टर ने कहा था। हालाँकि मैनेजर उसके पति से अधिक जवान और ख़ुशमिजाज़ था पर सीमा को ये रिमार्क अच्छा नहीं लगा। वो उसी समय बहुत कुछ सोचने पर मजबूर सी हो गई। शर्मिंदा तो मैनेजर भी था। वो कब चाहता था कि उससे बड़ी उम्र की महिला को उसकी पत्नी समझा जाए।

मैनेजर ने सीमा से पहले ही साहब को जाकर ख़ुशख़बरी दे दी थी कि बेटा है तो सुना कि वो खुश हुए थे। उतने ही ख़ुश वो आज भी थे बेटे से...!

बच्चा पैदा करने सीमा बड़ी बहन के पास भेज दी गई थी।

वहाँ भी घर में अकेले ही समय काटना होता क्योंकि बहन डॉक्टर थीं। फिर भी वो खुश थी कि जब बेटा लेकर जाएगी तो सब कितने खुश होंगे और शायद बेटे से खेलने के लिए पति भी जल्दी घर आ जाया करेंगे।

बेटा हुआ तो सीमा की टेल-बोन उखाड़कर आया। 6 महीने तो बिस्तर ही में पड़े पड़े बेटे की देख भाल की। सारी रात रोता था। सीमा अकेले जाग-जागकर साथ साथ आप भी रोने लगती थी। कितना अच्छा होता था पुराने ज़माने में कि परिवार का हर बच्चा सबका बच्चा समझा जाता था। सभी मिल-जुलकर पाल लिया करते थे। अब तो सभी कुछ बिखर गया था।

आज उस नील की जलन उस हड्डी के दर्द से कहीं अधिक महसूस हो रही है जो समीर के पैदा होने पर उखड़ी थी। दूसरे कमरे में खटपट की आवाज़ होती तो सीमा को आशा बँधती कि शायद अब बस समीर आकर अपनी मज़बूत वार्ज़िशी बाँहों में माँ को सँभालेगा और शर्मिंदगी के आँसू बहाएगा...माँ के आँसुओं के साथ। और उसका दर्द उसकी जलन सब ठीक हो जाएगा।

मगर वो तो बैठा उस जवान लडकी की दिलजोई कर रहा था और एक्सप्लेन कर रहा था कि आज जो कुछ भी हुआ वो माँ की उम्र ज़्यादा हो जाने और काम बढ़ जाने के साथ ही अधिकतर अनुचित व्यवहार की आदत पड़ जाने

के कारण हुआ है। वो आइंदा ख्याल रखेगा कि घर का माहौल ठीक रहे। नीरा धीरे-धीरे मद्धम सुरों में उसके कान में रस घोलती जाती और वो और अधिक माँ के जहालत भरे व्यवहार से शर्मिंदा होता जाता।

आज सीमा को जिल की बहुत याद आई। कितनी सुशील और कितनी घरेलू नीली आँखों वाली अंग्रेज़ लड़की थी वो। लगता ही नहीं था कि इस देश की पैदाइश हो। समीर से कितना प्यार करती और सीमा से अक्सर कहती, "सीमा, युअर सन इज़ सो हैंडसम। इट वाज़ लव ऐट फ़र्स्ट साइट" सीमा उसकी चुटकी लेने को कहती "ऐसा तो कोई हैंडसम नहीं, तुम्हारी नज़र ही कमज़ोर होगी...।" वो सीमा से लिपट जाती, "आप कितनी शैतान हैं...!" सास बहू के ये मज़ाक चलते रहते। सीमा ख़ूब जी भरकर प्यार से अपने बेटे को देखा करती कि सच ही तो कहती है जिल, है तो सुंदर मेरा बेटा। जिल को समीर की गहरी आवाज़ और सही अंग्रेज़ी बोलने का अंदाज़ भी बहुत अच्छे लगते। वो इस बारे में भी सीमा से बेधड़क बात करती।

सीमा सोचती मैंने कितना अच्छा किया जो पति के विरोध के बावजूद भी शादी होने दी इन दोनों बच्चों की। उसने पति के सामने पहली बार जीवन में मुँह खोला था कि समीर को वही करने दिया जाए जो वह चाहता है क्योंकि अब तो वो नौकरी कर रहा था। एक फ़्लैट भी ख़रीद लिया था शहर के बीचोबीच, टेम्स के किनारे। किराए पर दे रखा था। सीमा को कितना गर्व होता अपने सुंदर बेटे पर कि वो केवल सुंदर ही नहीं है समझदार भी है। कैसे पिटा करता था बेचारा...! एक दम से सीमा उदास हो जाया करती और दुआ करती कि हे भगवान अब मेरे बच्चे को कभी भी ऐसे दुःख ना देखने पड़ें...जो झेलना था उसने बचपन में झेल लिया है।

कभी-कभी तो वो भगवान को चुनौती भी देने लगती कि ख़बरदार!...अब मेरे प्यारे बेटे को अपनी शरण में ही रखना वरना...! आप ही मुस्कुरा देती। हे! प्रभु यह औलाद भी क्या बला होती है? क्यों इतना प्रेम होता है इनसे...! ये जवाब में तो कुछ भी नहीं देते फिर भी बुरा नहीं लगता। इनके दुर्व्यवहार भी भुला दिए जाते हैं।

पर पति की चोट तो हमेशा ज़िंदा रहती है। मैं क्यों ना याद रखूँ मेरी औलाद थोड़ी है मेरा पति। उनकी माँ तो सब भुला देती थीं। उसके यहाँ तो पूरा परिवार साथ ही रहता था। कैसे-कैसे चिल्लाते थे उसके पति अपनी माँ पर। वो भी खूब चिल्लाती थीं। ऐसा लगता था जैसे पक्के गाने का अभ्यास हो रहा हो। दोनों में से पहले जो तीव्र ध और तीव्र नी वाले अंतरे में जाता वही अपनी जीत समझ लेता और सामने वाले को सर पकड़कर बैठ जाना होता। जैसे घोर बरसात के

बाद परनाला मद्धम सुरों में बह रहा हो। अम्माँ की आँखों से ऐसे ही आँसू बह रहे होते। सीमा उनके पास जाकर बैठ जाती और आहिस्ता से पति की ओर से माफ़ी माँगने लगती। पति ने तो कभी भी माँ से माफ़ी नहीं माँगी थी। वो तो पैसे वाले बेटे थे। माँ ने तो उनको केवल जन्म दिया था। मेहनत तो उन्होंने आप ही की थी बड़ा आदमी बनने के लिए।

बन तो गए थे बड़े आदमी पर संस्कारों का ज़िक्र तो उनके शब्दकोश में था ही नहीं। मामूली बात थोड़ी थी कि माँ को महीने के पैसे देते थे...तो क्या हिसाब माँगना उनका हक़ नहीं बनता था! बेचारी अम्माँ...! पढ़ी-लिखी तो थीं नहीं। हिसाब याद कैसे रख पातीं?

सीमा ने कभी सोचा भी नहीं था कि कभी उसका बेटा बाप के पदचिन्हों पर चलेगा...उन्हीं को ठीक और सही ठहराएगा। जिल ये भी तो बड़े गर्व से कहा करती थी, "सीमा मैं कितनी लकी हूँ कि मेरा समीर अपने बाप से बिलकुल अलग है। हर तरह से, सुंदर तो है ही पर खुले विचारों का भी है। उज्ज्वल है अपने विचारों में। साफ़ सुथरा।"

आज सीमा का जी अपने से अधिक जिल को याद कर-कर के रो रहा था। समीर का अस्थिर मन ना जाने क्या क्या सोचा करता। कानों में शूँ-शूँ कि ध्वनि गूँजने लगी। डॉक्टरों ने टिनिटस बता दिया। "ये बीमारी तो अक्सर लोगों को हो जाती है। बहुत आम है आजकल। अक्सर परेशानियों से होती है।" जिल ने समीर को तसल्ली देने के लिए कहा और सवेरे जल्दी उठने के ख़्याल से जल्दी ही सो गई। वो भी अपनी कंपनी में ऊँचे पद पर काम करती थी और सवेरे उठ कर समीर का नाश्ता भी बनाती, घर को साफ़-सुथरा करने के बाद ही घर से निकलती। सीमा को जिल की सारी आदतें बेहद पसंद थीं। इसी लिए सास-बहू में गाढ़ी छनती थी। दोनों जैसे सहेलियाँ बन गई थीं। अँगरेज़ तो वैसे भी कभी एक दूसरे से उम्र नहीं पूछते...और ना ही उनका पता, उनका पेशा या कौन-कौन सी कार चलाता है या कैसे आता-जाता है। किसी को किसी की कोई खोज नहीं रहती आपस में। केवल दोस्ती का रिश्ता होता है या नहीं भी होता...तो भी दुश्मनी नहीं होती।

समीर जिल से नाराज़ रहने लगा था। वो सीमा से कहती "ना जाने समीर को क्या हो गया है...देर में घर आता है। पूछने पर कुछ भी नहीं बताता। कभी-कभी खाना भी नहीं खाता। मैं ऑफिस से आकर पका कर रखती हूँ। सीमा मैं भी तुम्हारी तरह ही ताज़ा खाना खिलाती हूँ समीर को। फ्रिज में रखे खाने में तो सारे तत्त्व मर जाते हैं। पर समीर गरम गरम खाना देखकर भी नहीं खाता।

"एक दिन मुझे अपने घर इंवाइट करो समीर के सामने ही, मैं आ जाऊँगी

और सब कुछ आप ही देखकर फिर समीर से बात करूँगी।" परेशान सीमा ने अपनी गंभीर आवाज़ में कहा।

"अम्माँ, उसको मेरा कोई ख़्याल नहीं। टिनिटस हो गया है। रातों को नींद नहीं आती। सारी रात पंखा चला कर सोता हूँ। तब कहीं जाकर चैन मिलता है, जब पंखे की आवाज़ कान की शूँ शूँ की आवाज़ से ताल मिला लेती है।"

"तो इसमें जिल का क्या कुसूर?" सीमा ने समीर से हैरान होते हुए पूछा।

"पत्नी है मेरी, मेरा ख्याल रखना उसका फ़र्ज़ है।"

"क्या खाना नहीं बनाती या घर गंदा रखती है या बराबर से कमाकर नहीं लाती?" एक ही साँस में सीमा ने प्रश्नों की बौछार कर दी। वो इस समय एक औरत बनकर दूसरी औरत की ओर से एक मर्द से सवाल कर रही थी। अपने बेटे से नहीं।

"फिर भी, जब मैं रातों को जगता हूँ तो इसको भी जागना चाहिए। ये तो कानों में म्यूजिक सुनने का प्लग लगाकर सो जाती है, गाने सुनते-सुनते।" समीर ने अपनी कड़वाहट एक ही साँस में उगल दी। सीमा सन्नाटे में रह गई। हे राम! बिलकुल बाप, पूरा बाप! ये क्या हो गया कब हो गया। क्यों हो गया...! मैं तो खुश थी कि अच्छी संस्कारी लड़की से शादी करेगा तो इनसान बना रहेगा। ये तो जानवर का जानवर ही रह गया। बिलकुल ख़ामोश हो गई सीमा।

डॉक्लैंड के अपार्ट्मेंट के साथ ही टेम्स नदी में खड़ी तमाम किश्तियाँ जैसे डूबने लगी हों। उन किश्तियों में रहने वाले जैसे मदद को चिल्ला रहे हों। उसको जिल की आवाज़ भी कहीं दूर से सुनाई दे रही थी। सहायता के लिए चिल्लाते हुए। अपने पति की मोहिनी सूरत को आँखें फाड़-फाड़कर एकटक देखते हुए। जैसे आज वो उसके चेहरे के आकार को अपने मन में बैठा लेना चाहती हो। हमेशा के लिए...

"माँ, मैं उसको दो फ़्लैट्स, आपके दिए तमाम जेवर और पाँच हज़ार पाउंड कैश भी दे रहा हूँ। ज़ेवर देने में आपको समस्या तो नहीं होगी क्योंकि आप औरतों को जेवर से बहुत प्यार होता है?"

कितना कड़वा बोलता है, ये मेरा बेटा तो लगता ही नहीं, जैसे बाप कहीं और से ले आया हो...! "मेरा तो जी चाह रहा है मैं उसको अपने ज़ेवर ही नहीं बल्कि अपने हिस्से की जो कुछ भी खुशियाँ रह गई हैं वो भी दे दूँ।"

"क्यों ऐसा जी क्यों चाह रहा है। मुझ से रक्तसंबंध है या उससे?" खून का रिश्ता क्या होता है। उसका क्या महत्त्व होता है, उसकी क्या अहमियत होती है और दिलों के रिश्ते की क्या, ये बातें तुम नहीं समझोगे।"

समीर दफ्तर ही में था तो जिल सीमा के पास आ गई। सीमा से उसके कंधे

पर सर रखकर रोने की बाक़ायदा इजाज़त माँगी और सीमा के आँख उठाकर देखने से पहले ही उससे लिपट कर उसके कंधे भीगा दिए। अपने दुःख जैसे उसके कंधों पर डाल दिए हों। ख़ामोश बैग उठाया और जाने लगी तो सीमा ने कुछ कहना चाहा, पर वो चली गई।

आज न जाने उसको जिल क्यों इतनी याद आ रही है? शायद वो होती तो समीर को समझा लेती पर ये नीरा ना जाने कहाँ से उठा लाया है। मैं इस तरह इसको अपने घर में नहीं रहने दूँगी।

"अगर आप ये समझ रही हैं कि मैं इसके साथ कोई ग़लत रिश्ता रखता हूँ तो माँ ये बीमार मानसिकता की पहचान है। ये केवल एक दोस्त है। जैसे एक लड़का दोस्त हो। ये परेशान है इसलिए कुछ दिनों के लिए यहाँ ले आया हूँ।"

"तो आजकल बेला कहाँ गई?"

"वो फ्रांस गई हुई है, अपने घर वालों के पास।"

"कब तक आएगी?"

"मुझे नहीं मालूम। वहीं बैठकर अपनी थीसिस भी लिखेगी।"

"क्या अब आएगी ही नहीं।" सीमा ने डरते डरते पूछा।

सीमा को ऐसे तो पसंद वो भी नहीं थी। पर कम बुरी थी। जिल उसको बहुत याद आती थी पर कभी भी उसका ज़िक्र नहीं करती। सोचती समीर को दुःख होगा कि माँ मेरी मदद नहीं करना चाहती मेरे लिए दूसरी पत्नी की तलाश में।

समीर अगर परिपक्व दिमाग़ का होता तो सीमा विवाह के लिए लड़कियों की लाइन लगा दे। पर उसको बेटे पर भरोसा ही नहीं था। कहीं सीमा की पसंद की लड़की आ गई तो समीर उसके साथ ना जाने क्या व्यवहार करेगा। लव मैरिज का जनाज़ा तो उठ चुका था।

"माँ आपसे कितनी बार बताया है कि बेला ऑक्सफोर्ड यूनिवर्सिटी से पी.एच.डी. कर रही है। आप बार-बार ग़लत सवाल क्यों पूछती हैं। वो अपने माँ बाप के पास गई है। अब ख़ाली थोड़ी बैठेगी, जब तक वहाँ है थीसिस लिखती रहेगी।" अच्छी भली डाँट पड़ गई थी सीमा को। हर समय इतनी पढ़ी-लिखी और एक्ज़ेक्यूटिव पोज़ीशन की माँ को कैसा उल्लू समझा करता था।

सिर्फ़ उल्लू समझता तो भी शायद इतना बुरा ना लगता क्योंकि उल्लू कि फ़ोटो तो निशानी होती है अक्लमंदी की। गधा भी समझे तो भी सीमा बुरा नहीं मानेगी क्योंकि वो भी एक मेहनती जानवर होता है और अपनी ताक़त से बढ़ कर काम करता है। समीर उसको एक जड़ मूड़ नकारा औरत समझता है। जब बचपन में पिटा करता था तो गोदी में घुस-घुसकर कहता था अगर आप ना होतीं

तो ये पिताजी तो मुझे मार ही डालते। माँ आप भी तो बड़ी पोज़ीशन पर हैं फिर आप क्यों नहीं थकतीं? आज उसे अपनी माँ में कोई अच्छे गुण दिखाई ही नहीं देते। कैसे सब कुछ बदल जाता है। मेरे अपने ही बेटे में अपने ननिहाल का एक भी गुण नहीं आया...पूरा असर अपने पिता के ख़ून का दिखाई देता है।

सीमा ने सोचा अब स्वयं ही जाकर बरफ़ निकाले और सेंक करे। शायद कुछ आराम आ जाए। कैंसर के बाद से बाईं ब्रेस्ट के पास का हिस्सा कुछ ज़्यादा ही सेंसिटिव हो गया है। बग़ल से सात लिंफ़-नोड्स निकाल दिए गए थे। इसलिए उधर के हिस्से में चोट का असर दुगना होता था। आज तो चोट उधर ही लगी थी केवल जिस्म पर ही नहीं उसके अहम् को कितनी बड़ी ठेस लगी थी ये केवल वही जानती थी।

सोचा पहले जाकर कपड़े बदल ले। अब तक तो सब सो गए होंगे। उसको मनाने कोई नहीं आएगा। कपड़े बदलने गई तो बाजुओं को देख कर आँखें मूँद लीं। दोनों बाजुओं पर जैसे काले रंग के बाज़ूबंद बाँध दिए गए हों। कैंसर वाली तरफ़ का नील लगभग काला हो चला था। वहीं तो जलन हुए जा रही थी।

वह शर्म से गड़ी जा रही थी कि आज यह नौबत आ गई है कि समीर उस नीरा के कारण उस पर हाथ उठा दे...अपनी पूरी ताक़त उस पर निकाल दी। कैसे दरवाज़े के ऊपर रखकर दोनों बाज़ू भींच दिए थे कि अब रहिए यहीं। बाहर ना निकलिएगा। अगर आपने नीरा की बेइज़्ज़ती की तो मुझसे बुरा कोई ना होगा।

सीमा अपने को छुड़वाने के लिए दुहाई देती रही पर ऐसा लगता था जैसे समीर बाप का बदला उससे ले रहा हो। बाप ही की तरह वहशी बन गया था, चेहरा वैसा ही भयानक हो गया था...हाँ वही चेहरा जिसे वह सुंदर कहती रही है...साँस रोके गुर्रा रहा था माँ पर कि आपने नीरा को घर से जाने को कहकर उसकी बेइज्जती की है। उसके बदले में वो माँ की इज्ज़त का जनाज़ा निकाल रहा था।

बेटी को जब मालूम हुआ कि माँ कॉन्फ्रेंस से जल्दी आ गई है तो वो भी मिलने चली आई और नीचे किचन में बच्चों को खिलाने पिलाने में व्यस्त हो गई। अगर वह इस समय ऊपर होती तो सीमा तो शर्म से गड़ ही जाती।

वह अभी अपने दुःख को ठीक से महसूस भी नहीं कर पाई थी कि दरवाज़े पर घंटी बजी। दरवाज़ा सीमा की बेटी ने ही खोला। सीमा भूल ही गई थी कि बेटी और नाती अभी घर में ही हैं। बाहर पुलिस खड़ी थी। बेटी ने पुलिस को फ़ोन करके बुलवा लिया था। यानी वह सब सुन रही थी। वह यहीं की पली-

बढ़ी है। इस देश के हक़ और कानून से पूरी तरह वाक़िफ़ है...मगर उनके ख़ानदान में पहली बार पुलिस घर में आई थी। सीमा को समझ ही नहीं आ रहा था कि वह पुलिस को क्या कहे। बेटी ने आगे बढ़ कर सारी बात पुलिस को समझा दी।

पुलिस की आवाज़ सुन कर समीर और नीरा भी नीचे आ गए...समीर घबरा गया...नीरा के जैसे होश ही उड़ गए थे...पुलिस ने सीमा से सीधे एक ही सवाल किया था, "क्या आप अपने बेटे को अभी घर से निकालना चाहती हैं?"

समीर के चेहरे पर बदहवासी देख कर सीमा को ठीक वही महसूस हुआ जैसे वह बचपन में अपने पिता के हाथों पिट रहा हो। उसके भीतर की माँ जैसे टूट रही थी। पुलिस देख कर शायद वह भी बुरी तरह से घबरा गई थी।

उस घबराहट में भी सीमा ने पुत्र को अकेला नहीं छोड़ा, "नहीं ऑफिसर, मेरे बेटे का इस घर पर पूरा हक़ है। मगर मैं इस आवारा लड़की को इस घर में नहीं रहने दूँगी।"

पुलिस ने समीर को आदेश दिया कि लड़की को उसी वक़्त घर से बाहर करे...नीरा के साथ ही शायद पुत्र और माँ का रिश्ता भी घर से बाहर चला गया था। माँ वही थी...वहीं खड़ी थी।

नीरा को कहीं छोड़ कर समीर घर वापिस आ गया है...घर के ऐशो आराम से दूर रह पाना शायद उसके लिए संभव भी नहीं था...उसकी नज़रों में माँ के प्रति बस एक ही भाव था...सीमा तय नहीं कर पा रही कि वो भाव क्या हैं... शत्रुता...नफ़रत...या फिर...!!

कभी कहता है आप कॉन्फ्रेंस में ज़रूर जाएँ और कभी दोस्तों के साथ बाहर खाना खाने की सलाह देता है... "माँ जब पापा आपको नहीं ले जाते तो आप ख़ुद जाना शुरू कीजिए..." और आज जब माँ ने उसको नीरा के साथ कमरे में अँधेरे में बंद देखकर समझाना चाहा तो जो मुँह में आया बकता चला गया... बाज़ारू ज़बान! बिलकुल बाज़ारू...!

भला कौन अपनी माँ को छिनाल कह सकता है...अपने यारों के साथ घूमती हैं...क्या फ़र्क रह गया पति और बेटे में...वो भी तो अपनी कमज़ोरियाँ छुपाने के लिए यही इल्ज़ाम लगाता रहा है...समीर की ज़बान की कटुता की चोट जितनी गहरी लगी थी उतना तो बाजुओं पर पड़े नील के निशान का दर्द भी नहीं चुभ रहा था...अपनी जवानी का एक-एक क्षण... एक-एक क़तरा...इकलौते बेटे के नाम लिख दिया था...सोचती थी कि बाप के वक़्त की भरपाई भी वह ही करेगी। आज इस उम्र में...माँ पर इतना बड़ा आरोप!

बेटी रात को घर में ही रह गई है। वह और उसका पति अपने पिता के कमरे

में आराम से सो रहे हैं...सीमा शरीर के दर्द से लड़ रही है...आत्मा के घाव सहला रही है...मुँह में धनिये के बीजों का स्वाद है मगर दिल में एक डर भी है...कहीं अपने ग़ुस्से में समीर उसकी हत्या तो नहीं कर देगा?...नहीं। नहीं...यह नहीं हो सकता...आख़िर पुत्र है। भला ऐसा कैसे कर सकता है। मगर दिल का डर उसे सोने नहीं दे रहा। बिस्तर पर करवटें बदल रही है...

एकाएक बिस्तर से उठती है सीमा और भीतर से कमरे की साँकल चढ़ा देती है।

हरी दूब की कच्ची सुगंध...

"क्यों इतना काम करते हो...?"

"परिवार के लिए!"

"जो भी कमाते हो हमारे परिवार के लिए काफ़ी है।"

"शीना मैं तुमको बहुत सुखी और हँसता-मुस्कुराता देखना चाहता हूँ।"

"मैं ख़ुश रहूँगी जब तुम ये लैपटॉप और उसका काम ऑफ़िस में छोड़ कर आया करोगे।"

"अरे यार कैसी बात करती हो? ये ऑफ़िस का थोड़े ही है, यह तो मेरा अपना है।"

"तुम्हारी अपनी तो मैं हूँ...बस मैं...!" शीना ने लाड़ से इतराते हुए कहा।

ईश ने जल्दी से लैपटॉप को एक तरफ़ सरका दिया और शीना का चेहरा अपने लंबी-लंबी उँगलियों वाले बड़े-बड़े हाथों के घेरे में ले लिया...शीना खिल उठी।

"अच्छा चलो खाना परोसो, भूख बहुत तेज़ लगी हुई है।"

शीना मस्ती से झूमती मोटी सी चोटी पीठ के ऊँचे-नीचे उभार के ऊपर लहराती किचन की ओर चल पड़ी।

जल्दी-जल्दी खाना गरम करके फुल्के बनाने खड़ी हुई तो ईश को खाने पर आने के लिए आवाज़ दी।

ईश ने शायद सुना नहीं या अगर सुना भी तो फ़ेसबुक ने सिर उठाने नहीं दिया।

"ईश आओ ना जल्दी...गरम-गरम फुल्के तैयार हैं।" ईश ने कोई जवाब भी नहीं दिया और आया भी नहीं। वह बड़बड़ाने लगी "पुरुषों की बड़ी बुरी आदत होती है खाना माँग तो लेते हैं पर खाने जल्दी नहीं आते। हम बेचारियाँ इनको गरम-गरम फुल्के खिलाने को तड़पती रहती हैं। जब ये रोटी ठंडी ही खाना चाहते हैं तो हम क्यों नहीं पहले से पका कर रख देती हैं।" आज उसका मन विद्रोही हो रहा था। इसे भी तो डुमेस्टिक वायलेंस कहा जा सकता है! फिर

स्वयं ही मुस्करा दी। बेचारे ईश के लिए ऐसे ही बुरा-भला सोचने लग पड़ी थी।

"ईश अब आ भी जाओ खाना ठंडा हो रहा है।"

"बस आया...!" ईश ने जल्दी से जवाब दिया और चप्पल ढूँढ़ने लगा। एक चप्पल मेज़ के काफ़ी नीचे घुस गई थी। "शीना, चप्पल नहीं मिल रही।"

वह दौड़ी कि जल्दी से चप्पल ढूँढ़ दे तो ईश खाने पर आ जाए। लैपटॉप अभी भी उसकी गोद में ही था इसीलिए झुक नहीं पा रहा था।

ईश मैं सारा दिन काम करके थक जाती हूँ। जल्दी से खा लो तो मैं भी नहाकर सोने आ जाऊँ।"

वो घर के सारे काम आप ही करती, बाई-वाई का झंझट नहीं पालना चाहती थी। बाइयाँ भी तो आजकल बहुत महंगी पड़ती हैं...पगार के साथ पति भी ले उड़ती हैं। मेघा के घर कैसी कड़क बाई आती है। साड़ी का पल्लू ऐसे कसकर शरीर के ऊपर लपेटे होती है जैसे एक एक अंग साड़ी फाड़कर बाहर निकल आएगा। आँखों में काजल...काले तेल लगे चमकीले बालों का जूड़ा...गोल-गोल काली, पीली, गोरी, गदराई पिंडलियाँ। छोटी-बड़ी साइज़ की चप्पल। जो भी फ़्री में मिल जाए...किसी भी नम्बर की चप्पल पहनने से शायद उँगलियों पर ज़ोर पड़ने के कारण पैरों की उँगलियाँ दूर-दूर हो जाती हैं और पँजे फैल जाते हैं...। पर पैरों की किसको परवाह। पिंडलियों तक ही जाकर निगाह ठहर जाती है। मेघा का पति तो दूसरे शहर रहता है...उसका अकेलापन दूर करने के लिए पति ने एक बाई रख दी है। इसीलिए तो वो सुख उठा रहा है बाई का भी...और फ़ेसबुक का...

शीना सारे दिन घर-बाहर के काम निबटा कर थोड़ी देर के लिए फेसबुक खोलकर घर वालों से बातें करके माता-पिता को नाती नातिन के फ़ोटो दिखाती और उनको बातों से खुश करके फिर घर के कामों में लग जाती। शीना सोचती 'फ़ेसबुक के कारण मायके जाने का चांस भी मारा जाता है। अगर यह फ़ेसबुक ना होती तो सवेरे-सवेरे माता-पिता के दर्शन भी ना हो पाते। फ़ेसबुक भी अद्भुत चीज़ है...कैसे कैसे लोग अपनी पूरी दिनचर्या दुनिया जहान के साथ शेयर कर लेते हैं...निजता नाम की कोई चीज़ तो बची ही नहीं...'

"अरे शीना खाने के बाद की चाय क्या भूल गईं?"

"ला रही हूँ, ज़रा बरतन धोने लगी थी।"

"शीनू रानी बाद में धो लेना। चाय की तड़प तुम क्या समझो! तुमने चाय से मोहब्बत तो की नहीं है।"

"ईश मैंने तुमसे मोहब्बत की है, तुम ही मेरी चाय हो...बिना दूध की चाय।" दोनों ज़ोर से हँस पड़े।

"अच्छा सुनो चाय बड़े वाले मग में देना और भरकर देना, मुझे ज़रा अधिक काम करना है आज।"

"यह चाय है या पेट्रोल! तुलसी की चाय बना दूँ स्वास्थ्य के लिए अच्छी होती है...मुझे कोई मंदिर थोड़े ही जाना है, बस बिस्तर में लेटकर काम करना है। तुम जल्दी से नहाकर आ जाओ।"

शीना का हाथ जल्दी से ब्लाउज़ के छोटे-छोटे हुक खोलने में व्यस्त हो गया। पल्लू से सीना ढकती हुई जल्दी से नहाने भागी।

बाथरूम से बाहर निकलकर लंबे-लंबे चमकते बालों को कमरे के सामने ही तौलिए से झटक झटक कर सुखाने लगी थी। दरअसल वह ईश को दूर ही से ललचाना चाह रही थी। वो हेअर ड्रायर से बालों को सुखाना पसंद भी नहीं करती थी। बाल सूखे सूखे छल्ली के बालों जैसे हो जाते हैं। ईश को उसके बाल भी तो पसंद थे। नहाए हुए हल्के-हल्के, गीले-गीले संदल वाले शैम्पू की भीनी-भीनी उभरती हुई खुशबू ईश को बेसुध कर देती।

शीना कमरे में पहुँची तो ईश एक हाथ से लैपटॉप को पकड़े पेट पर रखे लेटा हुआ था, दूसरा हाथ न जाने कहाँ था शीना को दिखाई नहीं पड़ा। आँखें कुछ बंद कुछ खुली हुई थीं, गरम-गरम साँसें अंदर-बाहर हो रही थीं। शीना ने चुपके से लैपटॉप को हटाना चाहा। उसने जल्दी से बंद करके करवट बदली और लैपटॉप अपने नीचे ही दबा लिया। फ़ेसबुक का पूरा परिवार उसके सीने के नीचे दफ़न हो गया। शीना उसके पीछे ही लिपट कर लेट गई...थोड़ा कसमसाई...गले में बाँहें डालीं पर ईश दम साधे पड़ा रहा। शीना थकी हुई थी वो जल्दी ही सुरीले-सुरीले ख़र्राटे लेने लगी।

वह शायद सपना देख रही थी। पर यह कैसा सपना...! ईश की आवाज़ कानों में गूँज कर गुम हो जाती थी।

शीना पहले तो मद्धम -मद्धम गहरी घुटी हुई आवाज़ सुनती रही फिर गहरी नींद में चली गई।

ईश ने झुक कर कान लगाकर शीना की साँसें महसूस कीं फिर घूर कर ग़ौर से देखा जैसे मुर्दे की नाड़ी देखी जाती है कि मर गया...या ज़िंदा है...! शीना सो गई थी...वह ख़ुश हो गया...

ईश को जल्दी पड़ी थी यह जानने की कि फ़ेसबुक पर जो प्रश्न पोस्ट किया था उस पर क्या क्या कमेंट्स आए। साथी लोग उसकी लगाई चिंगारी में घासलेट छिड़क रहे होते। वह अपनी शरारती मुस्कान बिखेरता और अपनी फ़ेसबुक-सहेलियों की महफ़िल में खो जाता।

'साली! कितना नीचा गला पहने है। एवरेस्ट की दो पहाड़ियों के बीच

बारीक कसी हुई पगडंडी नीचे को उतरती चली जा रही है। मन चाहता है उसपर दौड़ पड़ूँ। ये देखो मेघा को...ऊँची स्कर्ट पहनकर नंगी टाँगें दिखा रही है। एक टाँग तो जैसे कमान बनी हुई हो...'

उन चित्रों पर क्लिक्स आना शुरू हो गए। वो देखता रहा पर वो केवल क्लिक ही तक सीमित नहीं रहना चाहता था। यह उसकी दो हज़ार फ़ेसबुक-मित्रों में से एक थीं।

"आपकी आँखें बहुत सुंदर हैं।"

"कोई नई बात करिए। यह तो बहुत बार सुन चुकी हूँ।"

"आपकी पोशाक बहुत सुंदर बनी है, कहाँ से सिलवाई?"

"आपको भी बनवा दूँ?"

"अभी मेरी शादी नहीं हुई..."

"अच्छा तो आप बैचलर हैं...!"

"और आप?"

"मैं भी..."

जैसे ही यहाँ दाल गलती नज़र आई वह पहाड़ियों के बीच दौड़ गया।

"......"

"आपके केवल होंठ ही नहीं सभी कुछ सुंदर है..."

"सभी से क्या मतलब?"

"वही जो कुछ नज़र आ रहा है..."

"क्या नज़र आ रहा है?"

आज उसने ठान लिया था कि घबराएगी नहीं खुलकर बात करेगी। पुरुष जैसे दिल की हर बात खुलकर बोलता है तो हम महिलाएँ क्यों बैठी शरमाती रहें! क्या हमारा मन नहीं होता कि हम भी वही सब कुछ करें जो पुरुष करते हैं। अब तो विदेशों में सुना है कि महिलाएँ चर्च की पादरी भी बन सकती हैं। तो क्या हम रंगीनियाँ नहीं मना सकते पुरुषों ही की तरह!

शीना ने करवट बदली तो ईश चौंक गया और फट से लैपटॉप का ढक्कन नीचे गिराकर लैपटॉप बंद कर दिया। वहाँ जो कुछ भी था वहीं घुट कर रह गया पर ईश के मन में हलचल मची रही।

"आओ ईश सो जाओ। क्या कर रहे हो?"

"ऑफ़िस का काम पूरा कर रहा था।"

"ईश, इतनी मेहनत मत करो। थक जाओगे। तुम्हें कुछ हो गया तो मैं जी ना सकूँगी।"

ईश को शीना की ये सब बातें फालतू की लग रही थीं। वह तो उन चित्रों

को निहारना चाहता था जिनका सही नाम पता भी नहीं मालूम था। शीना तो उनसे कहीं अधिक सुंदर थी...। पर वो...। वो तो अपनी थी।

सुबह उठकर ईश ऑफ़िस जल्दी जाने की तैयारी करने लगा...''आज जल्दी क्यों जा रहे हो?''

''जल्दी आने के लिए।''

शीना को ख़ुशी हुई कि ईश को आखिर फँसा ही लिया अपनी लंबी जुल्फों के रेशमी जाल में–

आज वो भी खाना पकाकर, नहा धोकर ईश के इंतज़ार में बैठ गई थी।

''क्या कहीं जा रही हो?''...ईश ने खुश होते हुए पूछा।

शीना खिसियानी सी हो गई।

''नहीं ईश, मैं कहीं नहीं जा रही...बस तुम्हारे लिए तैयार हुई हूँ।''

''इसके क्या मतलब?...मैं तो...जल्दी अपना काम करने के लिए आया हूँ।''

''क्या आज फिर लैपटॉप के संग ही जियोगे?''

''हाँ शीना इसी के तो पैसे खाता हूँ।''

शीना ने सोचा लैपटॉप कमबख़्त कहलाता ही है 'गोद का खिलौना' और आई-पैड...'आँखों की सेंक'...! बेचारा ईश इन्हीं दोनों मशीनों के साथ जी रहा है। और मैं कामों की मशीन बनी हुई हूँ। मुझे ईश के लिए समय निकालना चाहिए।

शीना परेशान रहने लगी थी कि कहीं ईश पर काम का बोझ अधिक तो नहीं हो गया है। कहीं अस्वस्थ न हो जाए वह। ईश से प्यार से कहती, ''ईश घर आकर घर के हो जाया करो जैसे पहले हम दोनों संग संग हुआ करते थे। मैं जहाँ भी होती तुम छोटे से बच्चे की तरह मेरे पीछे पीछे वहीं आ जाया करते थे। अगर मैं रसोई में खाना पका रही होती तो तुम पल्लू के नीचे से मेरी कमर को क़स कर पकड़ कर लिपट जाया करते...दबोचकर कमरे में ले जाते...हंडिया जल जाती...तवा तपता रहता और तुम...तुम...मैं कितना शोर मचाती...तुम हँसते जाते और... हँसते ही जाते। तुम्हारे खनकते क़हक़हे तो मुझे प्यारे लगते पर तुम भी मेरी मोती जड़ी मुस्कान पर फ़िदा रहते। तुम ये कहते शीना तेरे मुँह से कभी भी बुरी महक नहीं आती।

''मैं हमेशा सच जो बोलती हूँ। मम्मी कहा करती थीं की झूठ बोलने वालों के मुँह से बदबू आती है।''

वह डरती कहीं हमारे रिश्तों में बदबू तो नहीं बस गई...समाज की बुराइयों की बदबू...गंदे दोस्तों की बिसांद...जलने वालों की चिरांद!...वह सोचती।

मैं तो अपनी बिटिया का रिश्ता पक्का करने से पहले ही कह दूँगी कि लड़का अगर शराब पीता है तो कोई बात नहीं...ड्रग्स भी लेता है तो भी चलेगा... किंतु अगर फ़ेसबुक का नशा करता है तो नहीं होगा यह विवाह...बस कह जो दिया...नहीं...! ड्रग और शराब से केवल उसका अपना नुक़सान होगा...मगर यह फ़ेसबुक तो एक भटियार ख़ाना है...दीमक की तरह रिश्तों को चाटती जाती है...किसी का कुछ मालूम ही नहीं चलता कि कौन किस से नत्थी होता चला जा रहा है। इसकी पत्नी उसके साथ और उसकी पत्नी दूसरे के साथ...कौन किसका दोस्त है और किसका दुश्मन...! यह खेल एक मुहल्ले, एक शहर, एक देश तक सीमित नहीं रहते...यहाँ तो तमाम संसार सिकुड़ कर एक फ़ेसबुक में बंद हो जाता है...शायद इसी को ग्लोबलाइज़ेशन कहते हैं।

और...

आज फिर वह शीना को रसोई में भेजकर लैपटॉप पेट पर रखकर बिस्तर में पसर गया। इतनी जल्दी होती थी कि ऑफ़िस से आकर ऊपर के कपड़े उतारकर फेंक देता, अंडरवेयर और बारीक-बारीक छेदों वाली सफेद बनियान में ही लेट जाता। एक हाथ लैपटॉप और दूसरा हाथ कहीं और खो जाता। आज उसने फिर मेघा और ऊँची एवेरेस्ट वाली फ़ोटो खोलीं और व्यस्त हो गया...

आज एक कमेंट बहुत अच्छा लगा पर फ़ोटो नहीं थी। बस चेहरे का एक साया था। मालूम ही नहीं पड़ रहा था कि महिला है या पुरुष। लिखा था 'मैं यहाँ हूँ इधर देखो...यह कौन है?

"अरे...ये कौन है?"

"अरे भई यह कहाँ से आ गई?"

पर है कौन...?

हाहाकार सी मच गई...

सभी ने पूछना शुरू कर दिया।

सब टूट पड़े...जैसे ख़ानदानी जायदाद बँट रही हो...या जैसे कोई नया मुर्दा आ गया हो...गिद्ध टूट पड़े हों। चेहरा देखे बिना ही बस शुबहा हो गया था...हो न हो...है कोई नारी! सबको नारी गंध आ रही थी।

ईश ने लिखा...'छुपने वाले सामने तो आ...'

"मुझे देखकर बेहोश हो जाइएगा।"

ईश ने सबसे अधिक क्लिक्स लगाए और हर थोड़ी देर में फोटो की फरमाइश कर देता। उसने लिखा, "आप पहले अपनी फोटो लगाइए।"

ईश यह नहीं करना चाहता था कि कहीं पकड़ा न जाए। उसका अपना एक संसार था। वो कहीं भी होता वही चित्र उसको चारों ओर से जकड़े होते उस

जकड़ की चुभन बड़ी सुहानी महसूस होती। वो शाम को ऑफ़िस से घर आकर उनसे सब कुछ कर लेने की और कह देने की जल्दी में होता। हर उलझन चित्रों से ही बातें करके सुलझा लेता।

शीना प्यासी रहती, उसकी हँसी उसके प्यार की...अब तो संता सिंह और बन्ता सिंह भी कहीं हाशिये पर खो गए...शायद उनके घर फ़ेसबुक अभी तक नहीं पहुँची थी...

''आप फ़ोटो लगाइए'' कोई बार-बार अनुरोध किए जा रहा था।

''आप सामने क्यों नहीं आतीं?''

''शर्माती हूँ...डरती हूँ।''

''एक बार इस महफ़िल में शामिल हो जाने के बाद शरम-वरम सब हवा हो जाती है...रिश्ते बन जाते हैं...अनोखे रिश्ते...हम सब ही एक दूसरे के परिवार बन जाते हैं। अंजाने...अनदेखे लोग। जीता-जागता हँसता-बोलता परिवार दीवार के उस पार चला जाता है। उसका काम होता है केवल इंतज़ार करना या इसी परिवार का हिस्सा बन जाना। इससे घर में सुकून तो आ जाता है पर सन्नाटा बढ़ जाता है...''

''आप के घर का क्या हिसाब-किताब है...?''

''मैं तो अभी फँसा ही नहीं इन झंझटों में...''

''यह ख़बर तो अच्छी है...''

''क्या आप भी...!''

''बस यूँ ही समझ लीजिए...घर में सन्नाटा बढ़ गया है...''

''तो फिर तो मिलना चाहिए, हम तो शायद एक ही रोग के रोगी हैं।''

''बस कैंसर न हो...''

ईश बहुत ख़ुश था। आज ड्रेस वाली ने भी जलवा दिखा दिया था। उसके एवरेस्ट की बरफ पिघल चुकी थी होंठ देखकर सूअर की थूथनी भी प्यारी लगने लगती थी। क्यों लगाती हैं ऐसी महिलाएँ अपनी फ़ोटो...?

वह लोगों को टैग करती अगर कोई ना फँसता तो सवाल करती...''आप टैग क्यों नहीं होते?''

''मेरे पास कोई विषय नहीं है...''

''कैसे हैं आप?''

''ठीक हूँ...''

''और सुनाइये...''

''क्या सुनाएँ...?''

अब ईश को इंतज़ार था उस बेचैन कर देने वाली रोगी का...

आज ईश की वॉल पर बहुत कुछ लगाया गया पर उसने किसी को कोई जवाब नहीं दिया...वो अक्सर लड़ाइयाँ मोल ले लेता है दीवार पर लिखे रिमार्क्स पर...उसको संसार के हर विषय पर बोलना अच्छा लगता क्योंकि उसके पास ज्ञान था...लोग जलते भी थे...कुछ वाद-विवाद करके बात को आगे बढ़ाते भी थे और सीखते भी थे...

"ईश आज मेरी सहेली की पहली पुस्तक का लोकापर्ण है।"

"बधाई बधाई..." ईश ने जल्दी से कहा।

"ईश मैं चाह रही हूँ हम चलकर बधाई दें।"

"अरे यार शीशू रानी मैं तो थका-हारा मज़दूर आदमी बस अब तो खाना खिला दो गरम गरम अपने प्यारे-प्यारे हाथों से।"

"नहीं-नहीं ईश, आज मैं नहीं मानूँगी। तुमको चलना पड़ेगा। कितने दिन हो गए हैं मैं तुम्हारे साथ कहीं नहीं गई।"

"शीनू मैं भी तो कहीं नहीं गया।"

"तुम तो रोज़ ऑफ़िस जाते हो और...वहाँ से आकर फिर उन्हीं के साथ समय बिताते हो।"

ईश कुछ चौंक सा गया।

"कहाँ जाना होगा...कितनी दूर?"

"कला भवन..."

"कहाँ चलोगी...बहुत दूर है..."

"कार मैं चला लूँगी..."

"चलो ये बात पक्की...।"

वो साथ बैठ गया। आई-फ़ोन हाथ में लेकर उसी से बे-आवाज़ बातें करता रहा। उसी में खोया रहा। शीना काली चमकती सड़क को बिना पलक झपकाए घूरती हुई कार चलाए जा रही थी।

चिलचिलाती गर्मी की पीली-पीली धूप, पीले आकाश में मोटी ताज़ी गिद्धें जैसे ताज़ी-ताज़ी पारसियों के शव को निबटा कर आई हों और धरती की ओर गोता लगा-लगा कर जीवन के भारीपन को हल्का कर रही हों। गिद्धें आकाश में वापस तैरने लगतीं...शीना पलक झपकाकर गिद्धों को देखती फिर तेज़ी से काली कोलतार की चमकती सड़क पर गाड़ी दौड़ाने लगती।...कोलतार की सड़क उसे फ़ेसबुक की दीवार सी महसूस होने लगती जिस पर बिन बुलाए गिद्ध मँडरा रहे होते...सब अपनी अपनी बड़ाई कर रहे होते...बिलकुल वैसे ही जैसे

नरगिस का फूल पानी में अपनी ही छाया देखने में व्यस्त होता, आत्म-मुग्ध रहता और स्वयं अपने से ही प्यार करता। फ़ेसबुक के रसिया फ़ेसबुक के गहरे समुद्र में अपनी ही छवि देख रहे होते।

कभी ईश की हँसी से चौंक जाती। और ईश भी अपनी ही हँसी से घबरा जाता कि शीना से क्या बताएगा कि किस बात पर हँसा है।

"अरे ईश जी आप...! आपने तो बताया ही नहीं कि आप यहाँ आ रहे हैं। रात को तो कितनी देर तक हम साथ थे।" ईश रात में तो मेरे साथ था...सोच रही थी शीना..."आजकल इस मॉडर्न टेक्नोलोजी के कारण रिश्तों और फ़ासलों का कुछ पता ही नहीं चलता। ऐसा लगता है जैसे हम एक दूसरे के साथ रहते हुए भी अंजानों के साथ होते हैं और उन्हीं को वर्षों से जानते हों।"...ये बातें दोनों एक दूसरे का हाथ पकड़े-पकड़े ही कर रहे थे। शीना वहाँ मिनट भर के लिए रुकी कि शायद ईश उसका परिचय कराना चाहेगा पर फिर वो खिसक गई। चाय पानी के समय बड़े हॉल में देखा कि किसी महिला से गले मिल रहा है तो किसी को बेटी कहकर सीने से लगा रहा है और उसी महिला का बार-बार हाथ में हाथ लिए खड़ा हो जाता है। यह नहीं मालूम पड़ता कि कौन किसका हाथ पकड़े है...हाथ एक दूसरे में बस गड-मड होते।

तो यह है फ़ेसबुक का परिवार...!

उसको एक अख़बार की ख़बर याद आ गई कि आजकल 'रेड लाइट' एरिया' में भी फ़ेसबुक का बहुत ज़ोर है। बुरे-भले, इज्ज़तदार-कमीने, अमीर-ग़रीब, साहित्यकार, कवि और राजनीतिज्ञ सभी एक ही बुक में बंद हैं। थोड़ी बहुत शिक्षित खिलाड़िनें इस माध्यम से भी खिलवाड़ कर रही हैं। उसको ये भी याद आया कि एक धार्मिक संस्था ने कह दिया है की उस संस्था को मानने वाले लोग फ़ेसबुक का उपयोग नहीं करेंगे...काश ईश भी उसी धर्म को मानता होता...मगर ईश तो नास्तिक है।

आज उसको वो सब बातें याद आईं जिनको वो बेमतलब समझा करती थी...तो क्या ईश अब उसका नहीं रहा? केवल उसका शरीर यहाँ होता है और मन न जाने कहाँ कहाँ फ़ेसबुक में भटक रहा होता है। बेचारा...! कितना मूर्ख है...मैं तो उसको बहुत समझदार मानकर चल रही थी और...ईमानदार भी।

ईश घर पहुँचते ही थकन का शोर मचाता हुआ बिस्तर में खो गया उसकी अपनी भीड़ में। आज शीना बिस्तर में नहीं आई।

ईश बेचैन था छुपने वाली के लिए...जैसे ही उसकी वॉल पर पहुँचा उसने अपनी तस्वीर लगाने की बात मान ली थी। "भेज रही हूँ अपनी फ़ोटो। पहले यह बताइए, वादा कीजिए मिलने का।"

"हाँ हाँ सौ बार वादा। आप बताइए कब और कहाँ?"

वह सोचती रही उसी पार्क में पहाड़ी के पीछे...जंगली फूलों की सेज पर...हरी दूब की कच्ची-कच्ची सुगन्ध...धरती से उठती मिट्टी की सोंधी-सोंधी ख़ुशबू...वह जैसे आज फिर से उसकी प्रियतमा बन गई....फ़ेसबुक की महबूबा...जैसे वे दोनों...। शादी से पहले मिला करते...।

"लीजिए फ़ोटो देखिए..." ...और शीना ने अपनी फ़ोटो लगा दी...

हर ओर से लाइक्स की बौछार होने लगी...और ईश...!

●●●